Monsieur,

En réponse à votre lettre du 6 ct. je me fais un plaisir de vous offrir la publication dont vous me parlez. J'accepte également l'hommage que vous voulez bien me faire de votre dernier ouvrage et en vous remerciant de la note que vous voudrez bien publier je vous prie d'agréer

Monsieur Lacombe
Trésorier de la Sté de l'Histoire de Paris et de l'Ile de France
5 Rue de Moscou

Recherches
Archéologiques
SUR LES
ABBAYES DE L'ANCIEN DIOCÈSE
de Paris

PAR

P. HÉRARD

Architecte

I. — MAUBUISSON (6 planches). III. — NOTRE-DAME-DU-VAL (8 planches).
II. — VAUX-DE-CERNAY (9 planches). IV. — PORT-ROYAL-DES-CHAMPS (4 planches)

Réédition des notices parues en 1851, 1852, 1853 et 1881

EN VENTE
Chez E. HELLÉ, 4, rue Royer-Collard
PARIS

Recherches
Archéologiques
SUR LES
ABBAYES DE L'ANCIEN DIOCÈSE
de Paris

Recherches
Archéologiques
SUR LES
ABBAYES DE L'ANCIEN DIOCÈSE
de Paris

PAR

P. HÉRARD

Architecte

I. — MAUBUISSON (6 planches).
II. — VAUX-DE-CERNAY (9 planches).
III. — NOTRE-DAME-DU-VAL (8 planches).
IV. — PORT-ROYAL-DES-CHAMPS (4 planches)

Réédition des notices parues en 1851, 1852, 1853 et 1881

EN VENTE
Chez E. HELLÉ, 4, rue Royer-Collard
PARIS

Que le souvenir de celui qui n'est plus, soit agréé par ceux auxquels nous offrons ce volume, comme un hommage que nous rendons à la mémoire de notre vénéré Père.

F. H.

Recherches Archéologiques

LOUIS-PIERRE HÉRARD
ARCHITECTE

HÉRARD, Louis-Pierre, est né à Paris en 1815.

Entré tout jeune à l'école de dessin dirigée par Belloc, peintre d'histoire, il fit ses premières études dans l'atelier de Douliot, architecte, professeur de mathématiques et de construction.

Il suivait en même temps les cours faits par Perron et Monvoisin, peintres, professeurs de figure ; Dutertre et Gau de St-Germain, dessinateurs de fleurs et d'ornements ; il était fort assidu aux leçons de mathématiques professées par MM. Herr et Lavit.

Passionné surtout pour l'architecture, il obtint en cette branche de l'art plusieurs prix en 1831 et 1832. C'est ce qui fixa définitivement sa vocation et décida sa carrière.

Plus tard, il entra à l'Ecole des Beaux-Arts dans la section de MM. Jay et Baltard père, architectes, tout en suivant les cours de l'historien Jarry de Nancy. Peu de temps après, il eut la bonne fortune d'entrer dans l'atelier de Huyot, membre de l'Académie des Beaux-Arts et de l'Institut, l'éminent architecte, chargé par le gouvernement de la Restauration, de continuer les travaux de l'Arc de Triomphe de l'Etoile, laissés inachevés par la mort prématurée de Chalgrin.

Enfin, il devint le collaborateur de Molinos père, architecte de la Préfecture de la Seine.

*
* *

En 1843, Hérard, alors âgé de 28 ans, est chargé de la construction à Vaugirard d'une Ecole et d'une Justice de Paix, monuments aujourd'hui démolis.

En 1846, il publie un long mémoire fort étudié, rempli de documents intéressants sur divers travaux d'utilité publique à exécuter dans l'ancien X^e arrondissement de Paris, notamment sur le déplacement du marché, de la Fontaine marchande et du Corps de garde, tous situés rue de Sèvres.

En 1849, il envoie au salon un projet de prison cellulaire étudié en collaboration avec son condisciple Ménageot.

C'est vers cette époque qu'il entreprit un long et minutieux travail sur les abbayes aujourd'hui disparues de l'ancien diocèse de Paris. Nous reparlerons plus loin de ces monographies.

A l'Exposition universelle de 1855, l'attention du public est attirée par ses très intéressants projets de passerelles sur les voies publiques de Paris; trois ans plus tard, il présente une seconde étude sur le même sujet.

En 1865, il est chargé par la ville de Paris de la construction, au Boulevard des Amandiers, d'un groupe scolaire où 1200 jeunes gens ou jeunes filles peuvent être admis.

En 1868, il édifie les établissements d'éducation de la grande rue de Passy, en 1869 ceux de la rue Vandrezanne, et en 1872 ceux de la rue Eblé dans le VIIIe arrondissement.

Nommé en 1873, par le ministre des Beaux-Arts, architecte de la commission des monuments historiques, sur la demande même de celle-ci, il fut chargé de la restauration des Eglises de Champagne et de Chambly.

Cette nomination prouve en quelle estime, cette commission composée des artistes, des architectes et des archéologues les plus éminents, tenait M. Hérard.

De 1850 à 1893, M. Hérard fut expert au tribunal de la Seine. Chargé des constatations les plus délicates, des différends les plus ardus, des recherches les plus difficiles, ses rapports, modèles de clarté, étaient toujours acceptés et suivis par les magistrats comme l'œuvre d'un arbitre consciencieux et absolument désintéressé, n'ayant qu'une pensée, la recherche de la vérité et du droit.

En 1893, des raisons de santé l'obligèrent à se retirer de la vie officielle.

Il faisait partie depuis de nombreuses années de la société archéologique de Seine-et-Oise, dont il était un des membres les plus fidèles et les plus écoutés; ses communications étaient toujours accueillies avec une curiosité et un empressement justifiés par la sûreté de ses recherches et la fidélité de ses descriptions.

IV

Il est mort à Paris, le 14 septembre 1899.

Simple, modeste, travailleur infatigable, chercheur passionné et d'une rare érudition, il laisse le souvenir d'un homme de bien et d'un honnête homme.

* *
*

Au salon de 1851, parut de lui la monographie accompagnée de dessins de l'abbaye de Maubuisson; à celui de 1852, celle des Vaux-de-Cernay; en 1853, celle de Notre-Dame-du-Val, et en 1857, celle de Port-Royal. L'attention de tous les architectes, de tous les archéologues et de tous ceux qui s'occupent du passé fut vivement attirée par la production de tous les documents qu'il publia. Il reçut les encouragements de MM. de Montalembert, Mérimée, Duban, Vitet, de Guilhermy, membres de la commission des Monuments historiques.

L'exposition de 1851 lui valut une médaille d'or, et aujourd'hui, tous les dessins de l'abbaye de Maubuisson sont au ministère des Beaux-Arts, classés dans les archives de la commission des Monuments historiques.

Les nombreuses recherches sur place et les fouilles qu'il a exécutées, les documents et les archives qu'il a dû consulter lui ont permis de reconstituer avec la plus grande exactitude ces splendides monuments d'autrefois dont il ne reste aujourd'hui que de rares vestiges.

Il a ainsi accompli une œuvre des plus utiles qui plus tard eut été impossible.

Ses travaux ont, en outre, fait comprendre aux propriétaires des ruines de ces Abbayes l'intérêt qu'il y avait pour la science à recueillir et à conserver ces pierres tombales, ces fragments ornés, tous ces débris du passé, et, à les sauver d'une destruction certaine.

Ce sont ces monographies et ces dessins, résumé de ses laborieuses études que nous avons fait imprimer et graver.

Nous les éditons tels qu'ils ont paru autrefois.

Paris, 1901.

I

ABBAYE DE MAUBUISSON

6 Planches

L'administration des Beaux-Arts a bien voulu prêter et autoriser la reproduction des dessins originaux relatifs à l'abbaye de Maubuisson, qui sont sa propriété.

I. — ABBAYE DE MAUBUISSON

De toutes les grandes choses réalisées par nos aïeux dans cette période de leur existence qu'on appelle le moyen âge, nous n'en connaissons pas de plus dignes de sympathies et de respects, que les monuments nombreux qu'ils ont bâtis et sculptés sous l'inspiration d'une foi vive aux doctrines religieuses et sociales sous lesquelles ils ont vécu.

Lorsqu'il y a quelques années nous visitâmes pour la première fois les ruines de Maubuisson, nous ignorions l'existence de plusieurs documents qui y sont relatifs. Mais, par les recherches que nous avons faites et que résume le travail admis au Salon (1), on voit Pl. 1, le plan général de ce monastère, tel qu'il existait encore en 1792, et on peut apprécier l'importance de ce monument et les dévastations qu'il a subies.

L'abbé Lebeuf, dans son savant ouvrage sur l'histoire du diocèse de Paris, donne de précieux renseignements sur l'abbaye de Maubuisson.

Ce fut en 1236 que la reine Blanche de Castille fit jeter

---

(1) Ce travail fut exposé au Salon de 1851, et il fut récompensé d'une médaille d'or.

les fondations de l'abbaye destinée à des religieuses de l'ordre de Cîteaux *qui devaient prier pour le père de la fondatrice, Alphonse, roi de Castille; sa mère, Aliénor, et feu le roi Louis VIII, son mari.*

Les archives du département de Seine-et-Oise, à Versailles, possèdent un inventaire des titres et chartes de cette abbaye. Nous en avons extrait le passage suivant, relatif à la fondation :

« La première semaine d'après la Pentecôte 1236, Blanche de Castille, « Reine de France et mère du Roi saint Louis, fit poser les fondations « de l'abbaye de Notre-Dame-la-Royale, dite de Maubuisson, au village « et terroir d'Aulnay de la paroisse de Saint-Ouen. Et depuis elle a « acquis et donné différents biens tenants et proches cette abbaye qui « composent la terre et seigneurerie de Maubuisson, en laquelle lesdites « Dames ont haute justice qualifiée de bailliage, le tout bien et dûment « amorti, mouvant et relevant du Roy, laquelle justice s'exerce par un « bailli, un procureur fiscal, un greffier, un notaire et un sergent, pour « l'exercice de laquelle justice il y a, en la cour basse, auditoire et « prison. »

La mère du saint roi voulut donner à l'abbaye le nom de *Notre-Dame-la-Royale*, la reine du ciel devant en être la patronne principale; mais le nom de Maubuisson, qui était celui d'un fief voisin, a prévalu.

Pour accroître la fondation, Blanche acquit, en 1237, le fief d'Aulnay, de Hugues Tirel, chevalier, seigneur de Poix; les lieux réguliers, le réfectoire et le dortoir étaient achevés en 1241. L'église fut dédiée, le 26 juin 1244, par Guillaume d'Auvergne, évêque de Paris.

Nous extrayons encore à ce sujet, de l'inventaire déjà cité, la charte suivante :

12 mars 1241.

« Charte de la Reine Blanche par laquelle elle déclare avoir du
« consentement de saint Louis son fils, fondé, fait bâtir et érigé
« de ses propres biens l'abbaye de Maubuisson dans un village qui
« s'appelait ci-devant Aulnay, qu'elle veut qu'on nomme à l'avenir
« *Notre-Dame-la-Royale*, parce qu'elle est fondée au nom et à l'honneur
« de la Reine du ciel, et avoir donné et concédé à perpétuité à ladite
« abbaye le lieu avec le fond où sont situés le monastère, le dortoir,
« le réfectoire, le cellier et tous et un chacun des édifices contenus
« dans l'enclos des murs; voulant que ladite abbaye et les dames
« religieuses du monastère possèdent à perpétuité, librement et paisi-
« blement, selon les constitutions régulières de l'ordre des Cîteaux,
« lesdits biens et un chacun d'iceux, par forme de pure aumône ;
« espérant ladite Fondatrice que Dieu lui fera la grâce de donner
« d'autres biens à l'abbaye pour servir à toutes les nécessités de la
« vie. »

L'église était d'une vaste étendue, *grand gothique commun*, dit l'abbé Lebeuf. Le chœur, *des plus grands et des plus beaux*, avait pour pavé une curieuse marqueterie en mastic imitant le marbre. Le sanctuaire était éclairé par deux rangs de vitrage superposés et ceints de galeries de *moyen gothique*. Des chapelles considérables et remarquables faisaient partie de l'église, entre autres celle de Saint-Michel et celle de Saint-Jean, fondée en 1323.

L'église, ainsi que le cloître et la salle du chapitre, renfermaient un grand nombre de tombeaux importants, parmi lesquels on voyait :

— Le tombeau de cuivre, élevé et surmonté d'une statue couchée de Blanche, recouvrant la sépulture de la fondatrice.

— La tombe gravée, entourée d'une épitaphe représentant armé de toutes pièces, le comte de Clérembaud, seigneur de Vandeil, mort en 1247 et inhumé à Maubuisson, avant la reine Blanche fondatrice.

Cette tombe est dessinée Pl. 6 (1).

— Le tombeau de Jean de Brienne, comte d'Acre, fils de Jean de Brienne, roi de Jérusalem, et de Bérengère de Castille, cousin germain de saint Louis, mort en 1296.

— Blanche de Brienne, seconde abbesse, petite nièce de Blanche de Castille, fille d'Alphonse d'Acre, chambrier du roi, et de Marie de Lusignan, comtesse d'Eu. Elle fonda, en 1302, les chapelles de la Trinité et de Saint-Louis, et mourut vers 1309. Elle fut inhumée près de la sacristie.

---

(1) Nous avons trouvé, dans une des îles de l'Oise, plusieurs fragments considérables de pierres tombales provenant de l'abbaye de Maubuisson, entre autres, celle du comte de Clérembaud.

— La tombe en marbre noir de Catherine de Courthenay, comtesse de Valois, impératrice de Constantinople, femme de Charles de Valois, petit-fils de saint Louis, morte en 1307 (1).

— Le petit tombeau de marbre noir, recouvert également d'une effigie de marbre blanc, de Jeanne, fille de Charles IV, morte en 1320.

— La tombe de cuivre de Matilde, comtesse d'Artois, inhumée le 26 novembre 1329.

— Le tombeau de pierre élevé et couvert de plaques de cuivre, de Marguerite de Brienne-Beaumont, princesse d'Autriche, femme de Bohémond, prince d'Antioche, morte le 9 avril 1328. Cette princesse était petite nièce de la reine Blanche, et cousine germaine de Blanche d'Eu, seconde abbesse de Maubuisson.

— Les deux mausolées en marbre noir, avec effigie de marbre blanc, renfermant les entrailles de Bonne de Luxembourg, femme du roi Jean-le-Bon, morte à Maubuisson en 1349, et les entrailles de son fils, Charles V, mort en 1380 (2).

— Les tombeaux en marbre noir, surmontés de deux effigies en marbre blanc, contenant les entrailles de Charles IV, dit le Bel,

---

(1) Cette statue est maintenant dans la crypte de l'église de Saint-Denis. Pendant longtemps, on a cru qu'elle représentait la reine Blanche.

(2) On voit dans la crypte de Saint-Denis, encastré dans le tombeau de Philippe-le-Hardy, une tête de reine couronnée, à laquelle on a donné le nom de Marie-de-Brabant, première femme de ce prince. Si ce fragment vient de Maubuisson, comme on le dit, il ne peut représenter que Bonne de Luxembourg, et non Marie de Brabant.

mort en 1329, et de sa femme la reine Jeanne d'Evreux, morte en 1370 (1).

La royale Abbaye renfermait encore les sépultures des personnages illustres dont les noms suivent :

— La première abbesse Guillemette, qui était une simple religieuse de Saint-Antoine de Paris, morte en 1275. Elle fut inhumée au Chapitre, devant le siège abbatial, sous une tombe de pierre, gravée d'une épitaphe en vers latins.

— Robert II, comte d'Artois, neveu de Louis VIII, tué le 11 juillet 1302, à la bataille de Courtray. Le corps de ce prince fut apporté à Maubuisson en 1304.

— Blanche de Bourgogne, première femme du roi Charles IV,

---

(1) Nous avons vu dans l'ancienne chapelle du couvent des Dames Carmélites, sis autrefois à Paris, rue de Vaugirard, n° 89, les deux effigies de Charles IV et de Jeanne d'Evreux, ainsi que la statuette d'un ange tenant des burettes. Ces intéressantes sculptures seront probablement replacées dans l'église que les religieuses font élever dans leur nouveau monastère, avenue de Saxe.

L'église du monastère des Dominicains (anciennement des Carmes), conserve également un bas-relief en marbre du quatorzième siècle, représentant la Cène. Ce bas-relief décore le maître-autel. Ces diverses sculptures proviennent de l'abbaye de Maubuisson, et furent achetées à Pontoise, par madame de Soyecourt, supérieure des Carmélites, dans les premières années de la Restauration.

L'église de Saint-Ouen-l'Aumône, près de Pontoise, possède une Vierge en bois, donnée par la reine Blanche à l'abbaye de Maubuisson. Cette statue s'ouvre en deux parties et renfermait de précieuses reliques. Enfin, la crosse abbatiale de Maubuisson t conservée à la bibliothèque de la ville de Versailles.

qui se retira à l'abbaye de Maubuisson après son divorce, y prit le voile et y mourut en 1326. Elle fut inhumée dans la salle du Chapitre.

— Isabelle de Montmorency, troisième abbesse, morte en 1340, fut inhumée dans la partie inférieure du chœur, sous un arceau.

— Catherine de France, fille de Charles V, morte au mois d'octobre 1388, âgée de onze ans. Elle était déjà mariée à Jean, comte de Montpensier, qui fut aussi inhumé à Maubuisson.

— Jeanne de France, fille de Charles VI, morte âgée de deux ans.

— Les corps de la belle Gabrielle d'Estrées et de l'enfant dont elle était mère furent apportés et inhumés à Maubuisson en 1599 (1).

On voit, par ce qui précède, combien étaient illustres les personnages inhumés dans l'église et autres lieux réguliers de Notre-Dame-la-Royale (2).

M. l'abbé Trou, dans ses recherches archéologiques sur Pontoise, a relaté avec soin la contenance de l'enclos de l'abbaye, les dimensions des chapelles, de l'église, du cloître, etc. Cet auteur fait également connaître les évé-

(1) La bibliothèque de la ville de Laon possède une statue en demi-relief, représentant Gabrielle, et provenant de son tombeau à Maubuisson.

(2) C'est à M. le baron de Guilhermy que nous devons la plupart des détails historiques qui précèdent. Que cet archéologue distingué nous permette de lui exprimer toute notre reconnaissance pour les notes qu'il a bien voulu nous communiquer.

nements dont l'abbaye de Maubuisson a été le théâtre depuis sa fondation en 1236, époque à laquelle elle était gouvernée par la religieuse Guillemette, jusqu'au moment de la révolution, où la riche abbaye était dirigée par Mme de Bénac, qui en fut la dernière abbesse, et qui avait été installée en 176... (1).

Peu d'années après, l'abbaye royale de Maubuisson disparut avec la fin du XVIIIe siècle, qui emporta toutes les institutions civiles, militaires et religieuses qui avaient, pendant une si longue période, fait de la France, cette *fille aînée de l'Eglise sous ses rois très-chrétiens,* le pays le plus puissant et le plus civilisé.

Il n'est pas de notre sujet d'entrer dans de plus longs développements historiques sur la célèbre abbaye. Nous prions le lecteur, curieux de les connaître, de consulter la *Gallia christiana,* l'ouvrage de l'abbé Lebeuf, les *Recherches sur Pontoise,* de M. l'abbé Trou. Poursuivant notre but, celui de faire connaître ce que le temps et les hommes ont détruit, nous reproduirons d'abord la curieuse légende transcrite sur le plan général, Pl. 1. Elle donne une idée exacte du nombre des bâtiments et de leur économie dans la vie monastique.

---

(1) De tous les événements qui se sont passés à Maubuisson, le plus étrange est le siège que subit l'abbaye sous les ordres du maréchal d'Estrées, pour réinstaller dans le Monastère Angélique d'Estrées, sa sœur, qui en avait été dépossédée par arrêt du Parlement. (*Histoire de Port-Royal,* par M. de Sainte-Beuve).

On y trouvait :

L'Eglise,
Le bâtiment occupé par la Sacristie, la Salle du Chapitre,
  la Salle des Archives et le Dortoir des Novices,
Le logis Abbatial,
Le bâtiment des Parloirs et du logis des Tourières,
Le Réfectoire,
Le Cloître et son préau,
Le Noviciat avec son parterre,
Le logement du Directeur,
L'Infirmerie avec son jardin,
Le Commun,
Le bâtiment des Latrines,
L'Apothicairerie,
La Cuisine grasse et le garde-manger,
Le bâtiment Saint-Charles, dit des Hôtes,
Le grand Lavoir,
Le Moulin,
Le grand bâtiment où sont les fours, les écuries,
La Laiterie,
La maison de la sœur Portière,
Le bâtiment de la basse-cour avec toit à porcs et poulailler,
Le Colombier,
Les Remises,
Le Bûcher,
Le Portier.

Il y avait encore :

Le jardin de Saint-Nicolas,
Le jardin de Condé,
Le jardin de l'Apothicairerie,
La Pépinière,
La Melonnière,
Le Potager,
Enfin le Cimetière.

Dans l'enclos, on voyait aussi les chapelles de Saint-Benoît, de Saint-Nicolas, et le manoir de Saint-Louis avec son jardin.

Cette légende, extraite d'un inventaire fait en 1792, nous montre combien toutes *les nécessités de la vie*, ainsi que le voulait la reine Blanche, étaient convenablement satisfaites dans l'abbaye de *Notre-Dame-la-Royale*.

De toutes ces constructions, dont plusieurs devaient être d'une grande beauté, entre autres le manoir de saint Louis, il ne reste des bâtiments claustraux, que la *Sacristie, la salle du Chapitre, celle des Archives, le Dortoir des Novices et le bâtiment des Latrines*. Ces ruines forment un ensemble extrêmement remarquable, soit par l'importance des constructions, soit par les détails d'architecture.

Parmi ces salles, nous citerons celle du Chapitre, magnifique reste de l'art au XIIIe siècle. Elle est divisée en trois travées par deux colonnes monostyles, avec base et chapiteaux d'une grande perfection ; les nervures ogivales retombent dans les angles et près des murs, sur des consoles à pans.

La Salle des Archives n'a qu'une seule colonne au centre, et est de même architecture que la précédente, mais d'un caractère plus sévère.

Le Dortoir des Novices, la plus grande de toutes les salles existantes, est divisée en quatre travées par trois colonnes, avec nervures et colonnes semblables à celles de la Salle des Archives ; à la suite, sont deux autres salles beaucoup plus petites que les précédentes, et dont l'une était à l'usage de latrines pour le rez-de-chaussée. On y voit, dans les murailles, les niches où ont dû être placés les cabinets et les sièges.

Sur la façade extérieure, à l'ouest, on voit encore les consoles en pierre qui portaient le comble du cloître ; plus loin existent des traces de voûtes supportant un escalier qui conduisait au premier étage, où était le dortoir des religieuses. Sur la façade extérieure, à l'est, il y a des contre-forts, entre lesquels sont des croisées, dont les unes en ogive, et les autres en plein cintre. Ces croisées éclairent les salles dont il vient d'être parlé.

Au premier étage, contigu au transept de l'église, sont deux salles voûtées en ogive ; l'une d'elles nous semble avoir été une tribune, de laquelle on assistait aux offices. A la suite existait le dortoir des religieuses, maintenant démoli.

A l'extrémité septentrionale, et en retour d'équerre vers l'est, se trouvent les ruines du bâtiment des Latrines communes aux religieuses.

Voici quelle en est la disposition :

Un petit cours d'eau, sur lequel était l'ancien Moulin, traverse en cet endroit, de l'est à l'ouest, l'enclos de l'Abbaye ; on l'a encaissé entre deux longues murailles construites en belles pierres, qui, du niveau du ruisseau, jusqu'au sol du dortoir, ont treize mètres de hauteur ; à leur sommet, ces deux murs parallèles sont réunis par vingt petites arcades transversales en ogive, qui laissent entre elles un vide où étaient établis les sièges. Les matières tombaient dans le cours d'eau qui les entraînait dans l'Oise.

Cette partie des ruines de Maubuisson est certainement l'une des plus curieuses.

Il reste peu de chose de l'Eglise. Quelques rares débris de piliers à fleur de terre ; au midi, un pan de muraille du chevet engagé dans le bâtiment qui était autrefois le logement du directeur. Toutes ces constructions et leurs détails sont indiqués par les dessins Pl. 2 et Pl. 3. Elles servent aujourd'hui de remise, de bûcher, d'étable et de laiterie.

Au midi et un peu en dehors du monastère, on voit les caves de l'édifice qui portait le nom de Manoir de Saint-Louis. Un large escalier descend dans ces caves ; elles ont deux travées en largeur et trois en longueur. Dans l'un des angles existe un autre escalier qui conduit à d'anciennes carrières de pierre à bâtir. Ces constructions du xiiie siècle sont d'un effet très pittoresque. Pl. 4.

A quelques pas du manoir de Saint-Louis et dans le périmètre des bâtiments claustraux aujourd'hui démolis, il existe encore un escalier qui donne accès dans une chapelle souterraine bâtie et voûtée avec nervures en ogive. Pl. 4.

A la suite est une galerie creusée dans la masse calcaire et soutenue çà et là par des arcs en ogive. La lumière qui arrive par la cheminée placée à l'entrée de la galerie éclaire à peine ces souterrains. Ils ont servi de sépultures aux religieuses et produisent sur le visiteur une profonde impression (1).

---

(1) Il n'est pas douteux que ces carrières sont celles d'où ont été tirées les pierres qui ont servi à l'édification des bâtiments de l'abbaye. Les constructions encore existantes à Maubuisson nous offrent quelques faits utiles à recueillir sur la nature et la qualité des matériaux extraits de cette localité, et nous pouvons comparer l'état de ces pierres avec celui où elles étaient à la fin du dix-septième siècle. Ce sont les archives de l'ancienne Académie d'Architecture qui nous permettent cette comparaison. On y lit, en effet, que le 6 août 1678, sur la demande de Colbert, les architectes *Blondel, Levau, Libéral Bruand, Daniel Gittard, Antoine Le Paulre, Pierre Mignard, d'Orbay, Claude Perrault, Mansard et Lamotte Coquard*, membres de l'Académie d'Architecture, visitèrent les monuments et carrières de Pontoise et des environs. Ils se rendirent à l'abbaye de Maubuisson, et consignèrent à leur procès-verbal, dans les termes suivants, le résultat de leur visite.

. . . .

« 70. Abbaye de Maubuisson. Nous avons veu l'abbaye de Maubuisson, bastie et

Parmi les monuments existant encore dans les salles dont la description précède, se trouve une pierre tombale représentant un prêtre vêtu de ses habits sacerdotaux,

fondée par la mère de saint Louis. Elle est toute de pierre dure du pays, si belle et si bien conservée, que le pignon de la petite église ne parroist que d'une seule pierre ; il y a mesme soubs cette abbaye et aux environs plusieurs carrières dont on tire de la pierre. »

. . . .

Cet intéressant document constate que les bâtiments de Maubuisson, et surtout l'église, étaient en parfait état en 1678. Nous ne pouvons savoir ce que serait devenue l'église, aujourd'hui démolie ; mais la sacristie, la salle du chapitre, celles des archives existent encore, et voici, sur les pierres employées à leur construction, quelques faits utiles à consigner : Les murs et les voûtes de ces salles sont bâties en pierre tendre et non en pierre dure, comme le disent les académiciens, âpre au toucher, maigre et poreuse, et dont la pierre de Saint-Leu et le vergelé de Saint-Maximin sont les bancs les plus estimés ; les bases, les colonnes, les chapiteaux et les consoles recevant les retombées des nervures ogivales, sont en pierre très dure, d'un grain fin et serré, et dont on ne trouve pas d'analogue dans les carrières de la localité. Cette pierre a tous les caractères du liais de Senlis : Tel est le judicieux emploi qu'ont fait des matériaux à l'abbaye de Maubuisson, les architectes du XIIIe siècle. Quant à leur état présent et aux altérations qu'ils ont subies, l'examen que nous avons fait de ces matériaux nous a démontré que les pierres dures employées aux bases, aux colonnes isolées, aux consoles, sont dans un état parfait de conservation, tandis que les pierres tendres soit des murs, soit des voûtes, se désagrègent, surtout à l'intérieur des salles, à ce point que ce sol est couvert de détritus calcaire à l'état de sable. Les murailles qui encaissent le ruisseau, sous le bâtiment des latrines, sont également bien conservées, sauf la partie inférieure, baignée par le cours d'eau, qui a éprouvé une altération d'une autre nature ; là, les assises des pierres sont délitées en forme de coins, dont la base est au parement extérieur, et dont le sommet est vers l'intérieur des maçonneries. La première de ces altérations nous semble due à la disparition soit par les eaux, soit par le contact de l'air, du peu de matière

au pourtour on lit ce qui reste d'une inscription mutilée :

> Cy gist vénérable et discrète personne maistre Jehan Amelinne..... M^e cs ars en son vivant chapelain..... Mil V^e quarante-neuf. Priey pour lui !

calcaire ou siliceuse qui réunit les sables et les détritus dont sont composés les puissants bancs de pierre à bâtir de la vallée de l'Oise ; la seconde altération doit évidemment être attribuée aux effets de la gelée.

L'étude comparée des qualités des pierres à bâtir, dont l'emploi date de cinq ou six siècles, avec les matériaux extraits des carrières des localités où sont situés ces antiques monuments, est un travail à faire d'un haut intérêt et d'une incontestable utilité pratique. Aujourd'hui que les constructions élevées par l'Etat et les particuliers, ont pris un développement inconnu jusqu'alors, il se trouvera, n'en doutons pas, un ministre pour ordonner et des académiciens pour faire des recherches sur cet important sujet, et compléter ainsi l'œuvre de Colbert et des architectes ses contemporains.

M. Paul Michelot, ingénieur distingué des ponts-et-chaussées, a été chargé, en 1851, par M. Magne, alors ministre des travaux publics, et sous la direction de MM. Michal et Belgrand, ingénieurs en chef, d'une statistique sur les lieux de production, sur la qualité et sur le prix de revient des pierres de construction, chaux et ciments employés dans le département de la Seine. Cet ingénieur a visité la presque totalité des carrières des départements de la Seine, de Seine-et-Oise, de l'Oise, de l'Aisne et de la Bourgogne. Remercions ici M. Michelot d'avoir bien voulu nous permettre de l'accompagner dans quelques-unes de ses excursions.

Le rapport adressé à Colbert par les membres de l'Académie d'Architecture a été le sujet d'un remarquable travail de M. le comte de Laborde, publié dans le 10e volume de la *Revue* de M. C. Daly, avec notes de MM. Viollet-Leduc, Paul Michelot et Desmarets.

On y voit aussi une pierre brisée sur laquelle on lit les parties suivantes d'une épitaphe :

GIST... PUISSANTE DAME... ANNE THÉRÈZE...
VEUVE DE HAUT... SEIGNEUR... BROGLIE... COMTE
DE REVEL.... ARMÉES DU.... DU RÉGIMENT....
INFANTERIE QUI... CHÂTEAU DE... LE 18... 1758
AGÉE DE... AT IN PACE.

Cette épitaphe est celle de demoiselle Lavalette, femme de François de Broglie, comte de Revel, brigadier des armées du roi, tué à la bataille de Rosbach, le 5 novembre 1757 (1).

Le parc de Maubuisson se dirige du midi au nord ; il est clos par une haute et ancienne muraille qui, de ce côté, se termine carrément ; là, s'élèvent à ses angles deux tourelles dont la construction nous semble être du xive siècle, (Pl. 4 et Pl. 5).

Au midi, une route sépare un grand terrain qu'on appelle le clos du Roi du parc de l'Abbaye. Au xviie siècle, on jeta sur la route un pont d'une seule arche portant une galerie couverte par laquelle les religieuses passaient sans être vues des jardins de l'Abbaye dans le clos du Roi. (Pl. 5).

---

(1) *Généalogie de la maison de Broglie.*

La ferme de Maubuisson touchait au monastère. Quelques bâtiments subsistent encore. Parmi les bâtiments démolis il y a peu d'années se trouvait le colombier; un disque de plomb portant l'inscription suivante, fut trouvé dans les fondations :

PIERRE POSÉE
PAR MADAME
CHARLOTTE COLBERT
DE CROISSI, ABBESSE
DE MAVBVISSON
CE 21 AOVSY
1739.

Le seul bâtiment du XIIIe siècle qu'on y ait conservé, est une vaste et belle grange, Pl. 5, pouvant contenir cent mille gerbes. Deux files de colonnes la partagent en trois nefs : une principale et deux collatérales ; la nef de l'est a été démolie. A l'extérieur est adossée, au pignon du nord, une tourelle à pans avec escalier qui conduit au comble.

Tel est l'état actuel des ruines de Maubuisson, l'une des plus illustres abbayes de la France du moyen âge.

MM. Écorcheville et Levasseur, propriétaires actuels de ce beau domaine, ont, par d'utiles travaux, préservé les voûtes des salles du rez-de-chaussée d'une chute imminente. Leurs efforts méritent d'être encouragés, sinon, dans peu d'années, ce qui reste de cette Abbaye aura disparu sous l'action destructive du temps, perte à jamais regrettable pour les Arts et l'Histoire.

HÉRARD,
Architecte, à Paris.

ABBAYE DE MAUBUISSON

Planches

ABBAYE DE MAUBUISSON

Fondée en 1236 par Blanche de Castille

Pl. 1

PLAN GÉNÉRAL DU MONASTÈRE TEL QU'IL EXISTAIT EN 1792

A	Abbatial.	K'	Grange.
B	Parloirs et logements (Tourières).	F''	Sacristie.
		N	Buanderie.
C	Réfectoire.	O	Bâtiment des Latrines.
D	Pensionnat.	P	Cuisines.
E	Eglise.	Q	Apothicairerie.
F	Logement du Directeur.	R	Lavoir.
G	Chapitre.	S	Moulin.
H	Archives.	T	St-Nicolas.
J	Dortoir des novices.	U	Fours, Ecuries.
K	Noviciat.	V	Laiterie.
L	Le commun.	I', J'	Habitation de St-Louis.
M	Infirmerie.	X	Logement de la sœur portière.
		Y	Bâtiment des porcs.
		Z	Chapelle de St-Benoît.
		A'	Bâtiment de St-Charles dit des Hôtes.
		B'	Pavillon du potager.
		C'	Ecuries.
		D'	Etable.
		E'	Autre étable.
		F'	Remises.
		G'	Logement du portier.
		H'	Bûcher.
		L'	Colombier.
		M'	Pont du Roi.

ABBAYE DE MAUBUISSON

Plan général du monastère en 1792 par Brache de Cailhe

Fig. 1

M. Imprimerie	X.1 Logement de la maison des petits pensionnaires	M. Pont du Roi
L. Cyprès	1. Habitation de St-Louis	L. Colombier
K. Lavoir	2. Laiterie	H. Bûcher
H. Archives	3. Four. Écurie	C. Logement du portier
C. Chapelle	4. Moulin	E. Avant cour
I. Église	5. Prison	D. Étable
L. Logement du Duserne-	6. Appartement	C. Forge
G. Réfectoire	7. Laverie	B. Portail du porche
F. Noviciat	8. Réfectoire des Laïques	A. Corps des Hôtes
D. Cloître	O. Chapelle	Y. Bâtiment des militaires
C. Logement des Grand-	N. Basses cours	N. Chapelle de St-Charles
(tour)	M. Granges	dit Bâtiment des portes.
A. Infirmerie		

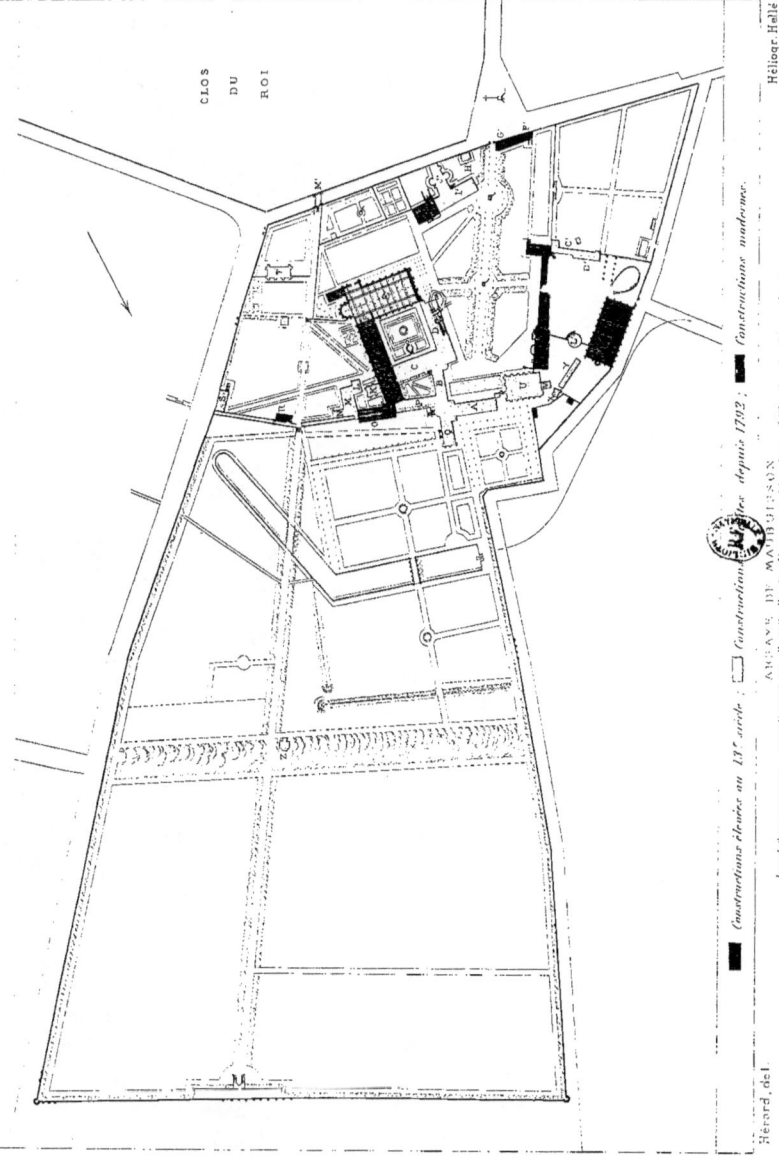

ABBAYE DE MAUBUISSON

Fondée en 1236 par Blanche de Castille

Pl. 2

BATIMENTS CLAUSTRAUX, XIIIe siècle. — Plans et coupes.

Dans le plan du rez-de-chaussée :
M Dortoir des novices.
N Salle des archives.
P Salle du chapitre.
S Sacristie.
LL Latrines.

MAUBUISSON-les-HYAERS

Pointe de 13,30 par branche de Cystite.

Pl. 2

Extrait de plan du rate M : Gisement observé aux XIIIe siècle.
BATIMENTS CONNEXES. Salle de compte
sessions des formées
1. l'étude.
2. boutique.
3. salle du chapitre.
4. salle des équipages.

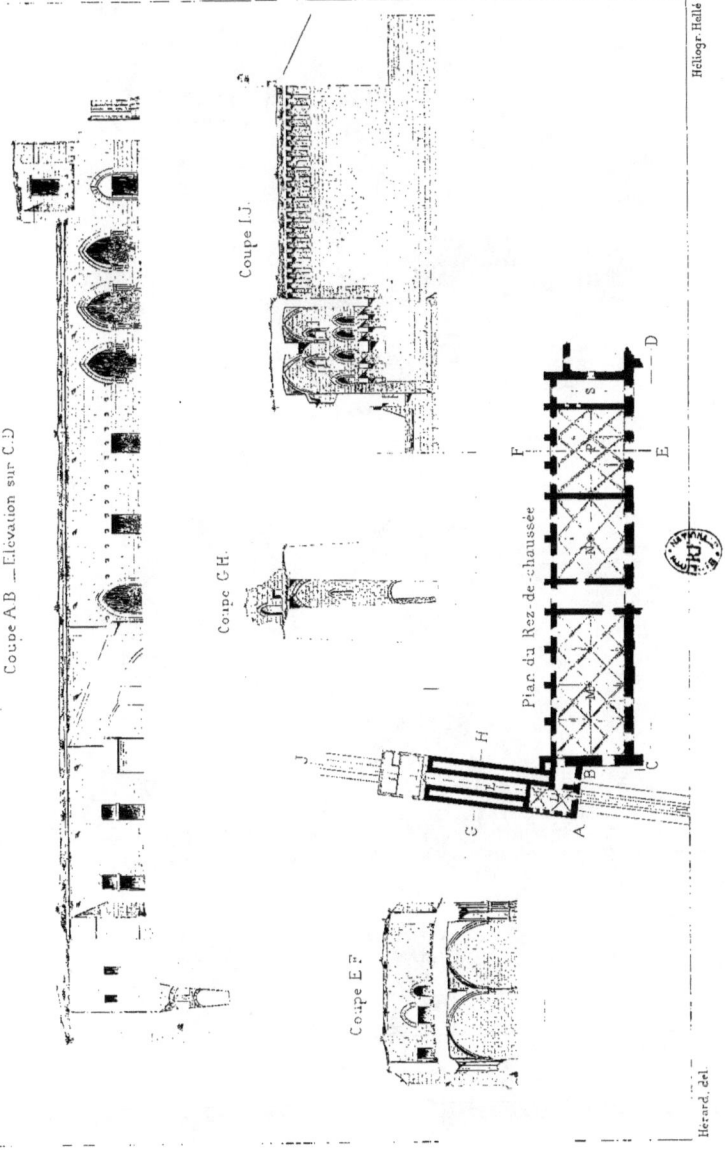

ABBAYE DE MAUBUISSON

Fondée en 1236 par Blanche de Castille

Pl. 3

Batiments claustraux, XIIIe siècle. — Plan, coupe, élévation.

Dans la coupe : M Dortoir des novices.
N Salle des archives.
P Salle du chapitre.

Vue de la tribune O (côté de l'église).
Chapiteau de l'une des colonnes de l'église.

ABBAYE DE VAUBUISSON

Fondée en 1539 par Blanche de Castille

Pl. 5

BATIMENTS CLAUSTRAUX, XIIIe siècle. — Plan coupe, élévation

Dans la coupe : M. Dortoir des moines.
N. Salle du chapitre.
O. Sacristie des moines.
(Celliers, dépôt, etc.) O. Sacristie des moines.
VUE DE LA FAÇADE SUR LE CLOÎTRE
Chapelle de Jean, dite des colonnes ou de l'église.

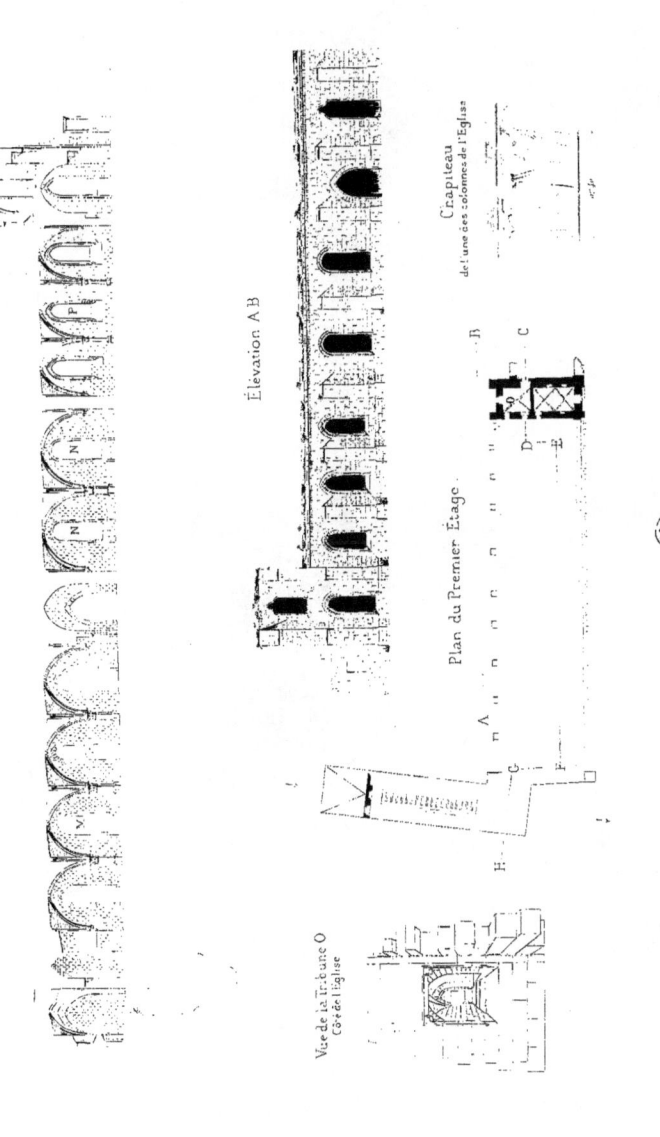

ABBAYE DE MAUBUISSON

Fondée en 1236 par BLANCHE DE CASTILLE

Pl. 4

ANCIENNE MURAILLE SERVANT DE CLOTURE AU PARC DE MAUBUISSON, XIVe SIÈCLE
CHAPELLE SÉPULCRALE. — Sépulture des religieuses, XIIIe siècle, plan et coupes.
CAVES DU MONASTÈRE (maison de St-Louis), XIIIe siècle, plans et coupes.

ABBAYE DE MAUBUISSON

Édifiée en 1236 par Blanche de Castille

Pl. 4

CAVE DE NORVÉLIÈRE (maison de St-Jouin), sur arcs, bian et coupe.
CHAPELLE SULPICIENNE — Sépulture des vaillancers sur arcs, acets, bian et coupe.
ANCIENNE MORTUAIRE SEVERYL DE CLOLURE VU PARC DE MAUBUISSON, sur acets, zuite

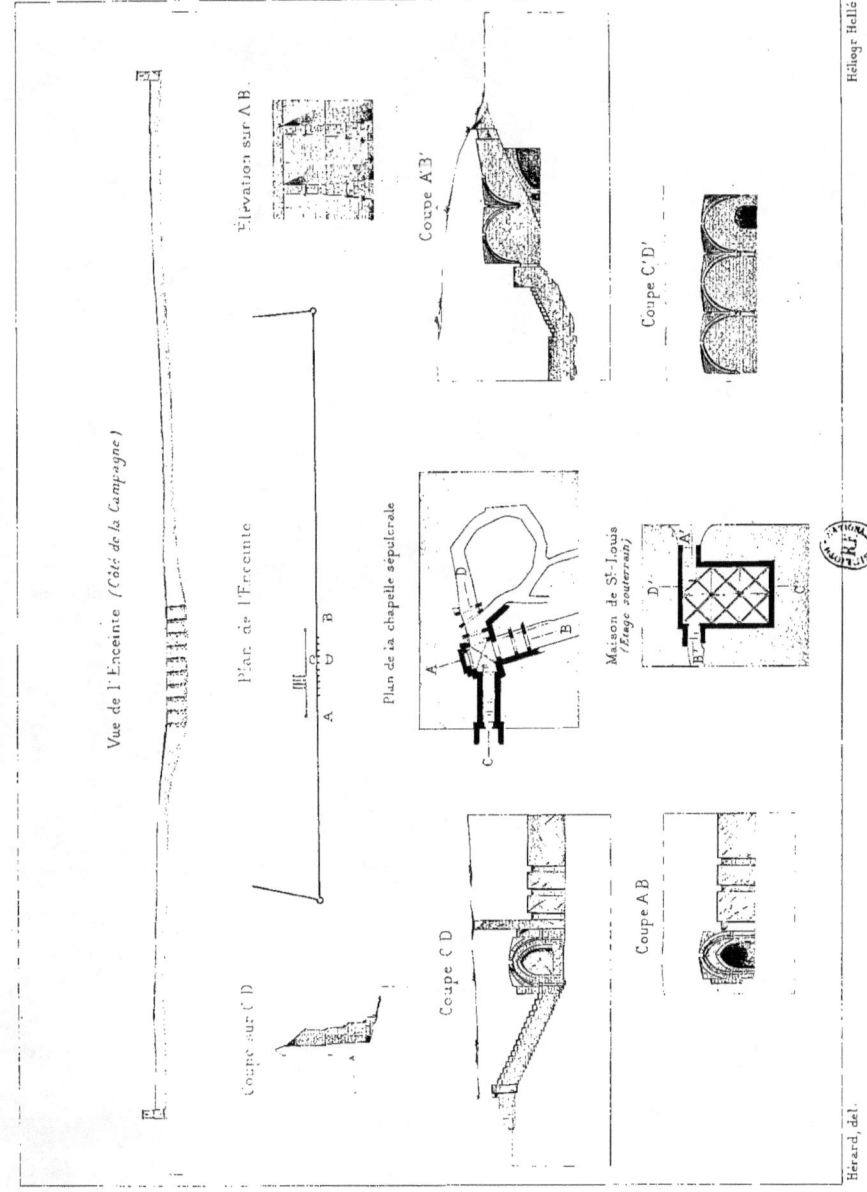

ABBAYE DE MAUBUISSON

ABBAYE DE MAUBUISSON

Fondée en 1236 par Blanche de Castille

Pl. 5

La grange, XIIIe siècle, plan et coupes.
Tourelles des angles de l'enceinte, XIIIe siècle, plan et coupes.
Pont conduisant au clos du Roi, XVIIe siècle, plan et coupes.

ABBAYE DE MAUBUISSON

Fondée en 1236 par Blanche de Castille

Pl. 5

La BRANCHE, XIV° siècle, plan du sol subsistant.
Lourelles de suites de l'enceinte, XIV° siècle, plan et coupes
cadeaux de mur, plus siècle, plan et coupes.

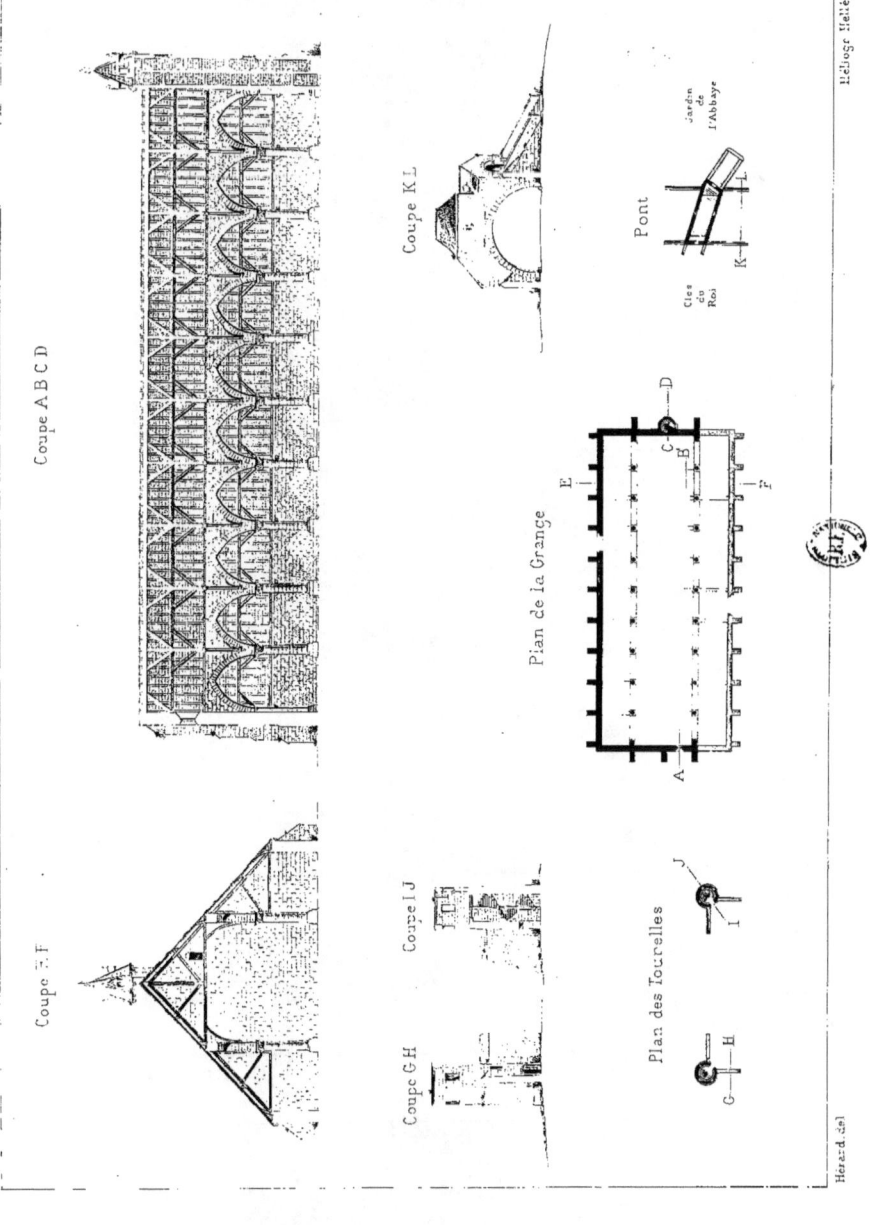

ABBAYE DE MAUBUISSON
Fondée en 1236 par Blanche de Castille

Pl. 6

Pilier de la salle du chapitre (élévation et coupes), XIIIe siècle.
Pilier de la salle des archives   —   —
Pierre tombale du comte de Clerembaud, seigneur de Vaudeuil, mort en 1247, trouvée dans une des îles de l'Oise.

ABBAYE DE MAUBUISSON

Fondée en 1236 par BLANCHE DE CASTILLE

Pl. 6

PILIER de la salle du chapitre (élévation et coupes), XIIIᵉ SIÈCLE.
—
PILIER de la salle des archives
—
Pierre tombale du comte de Clermbaud, seigneur de Vaudeuil, mort en 1247, trouvée dans une des îles de l'Oise.

ABBAYE DE MAUBUISSON Pl. 6

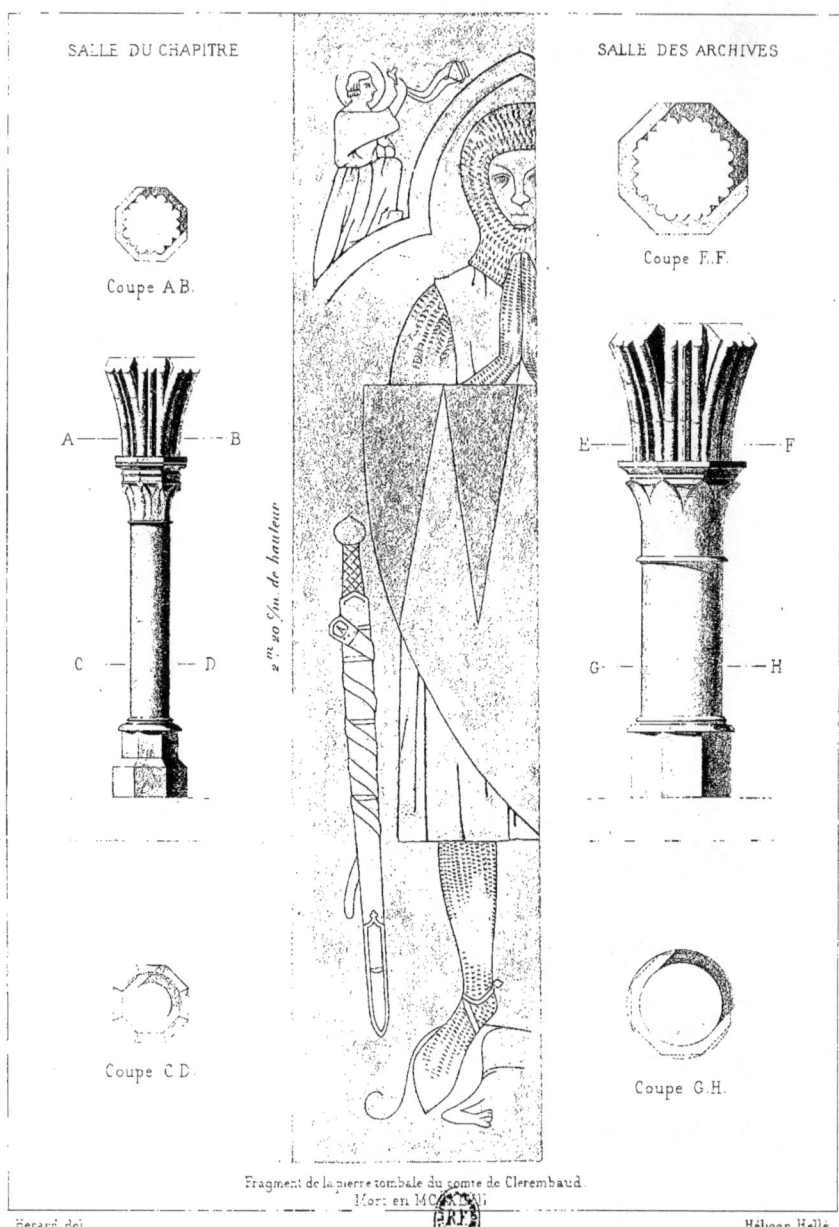

SALLE DU CHAPITRE

Coupe A.B.

Coupe C.D.

SALLE DES ARCHIVES

Coupe E.F.

Coupe G.H.

2 m 20 c/m de hauteur

Fragment de la pierre tombale du comte de Clerembaud.
Mort en MCCLXXI

Hérard del.

Héliogr. Hellé

II

L'ABBAYE DES VAUX DE CERNAY

9 Planches

LES VAUX DE CERNAY

La bienveillance avec laquelle ont été accueillies les Etudes exposées au dernier Salon sur l'abbaye de Maubuisson et les honorables distinctions dont ces Etudes ont été l'objet, ont encouragé leur auteur à continuer ces intéressants et utiles travaux. Aussi espère-t-il faire connaître successivement le résultat de ses recherches sur les Abbayes de l'ancien diocèse de Paris et faire apprécier aux amis de l'art national, certains monuments religieux peu connus et cependant bâtis à une des glorieuses époques de notre histoire (1).

L'Abbaye de Cernay est située sur la petite rivière des Vaux qui coule dans une des nombreuses vallées affluentes de la rivière de l'Yvette. Comme la vallée de Chevreuse, la vallée des Vaux est creusée dans les couches supérieures du terrain

---

(1) Sur l'avis de la Commission des Monuments Historiques, M. Léon Faucher, alors Ministre de l'Intérieur, décida que les Etudes de Maubuisson feraient partie du

de l'époque tertiaire à laquelle appartient le sol des environs de Paris. Aussi, la pierre meulière et les grès sont-ils les matériaux presque exclusivement employés à la construction de cette abbaye.

Cet ancien monastère dépend aujourd'hui des communes d'Aufargis et de Cernay-la-Ville, canton de Rambouillet, département de Seine-et-Oise.

Nous ferons d'abord quelques emprunts aux divers ouvrages publiés sur ce sujet et nous compléterons ensuite, par nos propres recherches, ce qu'il importe de savoir sur la fondation et l'histoire de cette célèbre communauté.

Nous extrayons les passages qui suivent de l'un des plus consciencieux auteurs qui ait écrit sur l'ancien diocèse de Paris :

« Le monastère des Vaux de Cernay fut fondé en 1128, par le connétable Simon, seigneur de Neaufle-le-Châtel, et Ève, son épouse, qui donnèrent à cet effet, pour bâtir, une vallée qu'on appelait alors *Vallis Briessart*, aux moines de Savigny-en-Avranchin, qui était un ordre particulier et non encore

---

portefeuille de la Commission. Le jury des récompenses du Salon de 1851 a décerné à ces Etudes la médaille d'or de 3e classe.

Les membres de la Commission des Monuments Historiques étaient MM. Léon de Malleville, président ; Mérimée, de l'Institut, inspecteur général ; de Lasteyrie, Horeau, Buchez ; MM. Duban, Labrouste, Questel, architectes ; MM. Lenormand, Léon de Laborde, Leprovost, Caristie Vitet, membres de l'Institut ; Renouvier, Paul Lacroix, de Guizard, de Contencin, de Mercey, de Pastoret. M. Courmont, secrétaire.

Les membres du Jury étaient MM. Vitet, Mérimée, Blouet, de l'Institut ; Labrouste, architecte du gouvernement.

incorporé à celui de Cîteaux. Plusieurs seigneurs des principaux lieux du voisinage et le roi Louis VII (1144-1180), y donnèrent ensuite du bien. L'Église fut bâtie sous le titre de la Vierge et de Saint-Jean-Baptiste. »

Nous donnerons ici les chartes suivantes relatives à la fondation du monastère des Vaux. Nous devons cette communication à M. de Gastines, ancien officier supérieur de l'armée et aujourd'hui agronome distingué de la vallée de Cernay.

« Symon.   Milon.   Godefroy.   Sansceline.
                          Ève.   Amaury.

« Au nom de la sainte et indivisible Trinité : qu'il soit connu de tous les fidèles, tant présents que futurs, que Symon de Neauphe a donné à Dieu et aux moines de Savigny, la terre de la vallée de Brie-Essart, pour y construire une abbaye en l'honneur de la très-sainte Mère de Dieu, Marie, et de saint Jean-Baptiste, du consentement de son épouse Ève, de la dot de laquelle dépendait ce lieu, et des fils dudit Symon, savoir : Milon, l'aîné, Godefroy et Amaury, et Sansceline, leur sœur, lesquelles ont, avec une grande bienveillance et de tout cœur, donné leur assentiment à cette donation.

« Il y a ajouté aussi que, de toutes les forêts qu'il possédait dans le voisinage de ce lieu, les moines recevraient quantité suffisante de bois de chauffage et de construction, et pour tous autres usages selon leurs besoins, et l'herbe et le paturage dans lesdites forêts, pour la nourriture de leurs troupeaux et bétail. Bien plus, il leur a donné la terre de l'Essart-Robert, en droit perpétuel, pour la cultiver, sous réserve du droit de champart (1). Il a fait aussi cette concession que, quiconque de ses vassaux voudrait donner quelque chose en aumône à ce monastère, soit terre, soit pré, soit vigne, soit tout autre bien qui fût sous la puissance féodale, qu'il pût le faire sans aucune contradiction ni contestation.

« Les témoins sont : Arnould des Arsis et Symon, son fils, Hédouin Pilet, Hugues et Nicolas, son fils, Renaud Dulois, Théon, son frère, Symon son fils, Guillaume Helmeri, Guillaume de Alpezart, Gautier Rufe, Gautier de Buisson, Godefroy de Chevreuse, et moi, Godefroy, de qui ait écrit ceci (2).

—

Symon de Gomez.   Hersende.

« Par cette charte, nous livrons à la connaissance de tous présents et avenir que Symon de Gomez, touché par l'inspiration du Saint-Esprit, a fait le Christ héritier d'une sienne terre qu'il avait auprès de la Haunerie, en fief de Symon de Nauphe, la donnant en aumône, tout comme il la tenait, aux moines de Sainte-Marie-des-Vaux-de-Cernay ; son épouse, Hersende, non-seulement y consentant, mais l'engageant et exhortant à le faire. De cette donation, les témoins sont : Roger de Saint-Remy, Curard de Tremblay, Théome d'Auteuil et Bartholomé, son frère, Roger de la Boucherie et Payen de Pise (3). »

L'historien du diocèse de Paris continue ainsi :
« L'abbé envoyé de Savigny avec une colonie, s'appelait

---

(1) Le champart seigneurial était une redevance ou cens analogue à la dîme.
(2) Godefroy, de Bayeux, était un moine de Savigny.
(3) Traduction de M. P. Huot. Archives de Cernay, S. et O.

Arnaud ou Artaud. Il eut pour successeur, en 1145, Hugues, sous lequel l'ordre entier de Savigny fut réuni à celui de Cîteaux.

« On lit que vers l'an 1174, temps auquel Saint-Pierre, archevêque de Tarentaise (1), vint en France, la dédicace d'une chapelle de Saint-Jacques et Philippe fut faite par lui dans le monastère; que sous l'abbé Guy, le feu du ciel tomba en 1195 et endommagea le dortoir.

« Ce fut aussi sous lui, que Pierre, religieux de la maison et son neveu, écrivit l'histoire des Albigeois, fort connu dans les historiens de France. Le même Guy fut fait évêque de Carcassonne, et mourut en 1223.

« Un abbé encore plus célèbre que lui, saint Thibaud de Marly, lequel avait pris l'habit en cette maison l'an 1226..... Il rebâtit le dortoir. Il mourut en 1247, le 8 décembre. Son corps, après plusieurs translations, se trouve maintenant enchâssé dans la nef de l'Eglise du lieu. Il y a grande dévotion aux fêtes de Pentecôte, ainsi qu'à une fontaine de son nom qui est dans le jardin du monastère sous une grotte peinte. On en boit contre la fièvre.

« Depuis l'origine des Commendes, Antoine Sanguin, Évêque d'Orléans, dit le cardinal de Meudon, posséda cette abbaye. Louis Guillart lui succéda en 1560, et fut Évêque successivement de plusieurs sièges; ensuite Charles Guillart,

---

(1) Aujourd'hui la Savoie.

Évêque de Chartres. Henry de Bourbon Verneuil, fils naturel de Henri IV, l'eut avec beaucoup d'autres, et la quitta en 1668, et elle fut donnée à Jean Casimir, roi de Pologne, qui s'était retiré en France. Aujourd'hui elle est possédée par l'abbé de Broglio.

« Cette Abbaye, occupée par les réformés de l'ordre de Cîteaux, paraît fort bien entretenue. Elle est bâtie si positivement sur les limites des diocèses de Chartres et de Paris que la séparation des deux diocèses est le milieu de la cour, en sorte que l'Eglise et le Monastère sont du diocèse de Paris ; l'Hôtel Abbatial, qui est vis-à-vis, est de Chartres. Il était autrefois du diocèse de Paris, étant placé derrière l'Eglise. Il fut bâti tout à neuf de briques par M. de Chalucet, fait abbé en 1673, et il servait de maison de campagne à M. le premier président de Lamoignon, beau-père de sa sœur. L'Eglise est vaste et longue et toute reblanchie et a dans le chœur des chaises d'un *excellent boisé moderne.* »

. . . .

« Les tablettes de cire conservées à Saint-Germain des Prés apprennent que Philippe-le-Bel vint à l'abbaye des Vaux avec toute sa cour, vers le milieu de février 1306, allant dans la Beauce et dans la Normandie. Pierre Tessé, qui en était abbé en 1510, obtint du roi Louis XII l'établissement d'un marché en ce lieu, tous les mardis, et d'une foire franche, le jour de saint Thibaud. Nicolas de Bayon, son second successeur, après avoir assisté, le dimanche 12 juin 1524, à la dédicace que l'Evêque de Paris, François de Poucher, fit de l'Eglise de la Celle, fut témoin de la visite que le même Evêque fit de ce Monastère où il assista à vêpres le même jour dans le chœur, après avoir été reçu avec la croix et l'eau bénite, et y donna à la fin sa bénédiction solennelle au peuple (1). »

L'historien que nous citons termine par le récit suivant, qui lui paraît être absolument vrai.

« Dans le voisinage est un étang qui supporte des *isles flottantes*, soutenues par l'enchaînement des racines des arbres. On m'a assuré qu'on va s'y promener et y manger au milieu de l'étang, par le moyen de cette ile ambulante, qu'on y avait approchée du bord. »

Nous ne savons si, comme le dit notre auteur, *on y mangeait sur ces isles ambulantes;* toujours est-il que le même fait se reproduit aujourd'hui, mais ces *isles ambulantes* sont prises et brûlées, et leurs cendres sont répandues sur les cultures.

Tel était, vers 1750, l'état du Monastère des Vaux. Il est regrettable que l'auteur, auquel nous empruntons ce qui précède, ne soit pas entré dans plus de détails sur les bâtiments et sur les dépendances de l'Abbaye, sur leur usage dans l'économie du Monastère; car aujourd'hui il est difficile d'avoir sur ce point intéressant des notions précises; néanmoins nous ferons connaître à ce sujet le résultat de nos recherches.

A l'Abbaye des Vaux de Cernay, comme dans la plupart

---

(1) L'abbé Lebeuf. *Hist. du diocèse de Paris.*

des grands monastères, l'Eglise, le Cloître et la Salle du Chapitre contenaient des tombes d'abbés, de bienfaiteurs et de riches bourgeois des lieux voisins.

Voici ce que rapporte notre historien sur les tombes de l'Eglise :

« Dans le sanctuaire, du côté du nord, est la sépulture de Simon de Neaufle, le fondateur, et d'Ève, sa femme ; à l'opposite, est la tombe d'un *magister*..... *de Rupe Forti*, gravée en capitales gothiques. Dans la croisée du côté méridional, se voit écrit en même gothique : *Johannes Abbas de Fontanis in Turonia ; de Nealpha Castro* (Neaufle le Château). Enfin, dans le chapitre : *Ici gist Monseigneur Hervy de Chevreuse, jadis sire de Maincourt, et dame Clémence d'Aulnois, sa femme. Priez pour leurs âmes.* »

Il y avait, dans l'Eglise et autres lieux réguliers, plusieurs sépultures dont ne parle pas l'abbé Lebœuf. Ainsi, dans le cloître étaient les tombes de :

— Hugon, abbé, qui trépassa en 1151.
— Jean, abbé, qui trépassa le 5 juin 1156.
— Radulphe, abbé, qui mourut le 16 mai 1289.
— Guillaume Ier, abbé, qui trépassa en 1305.
— Dominique de Belne, abbé, qui trépassa au mois d'août, l'an de grâce 1452.
— Pierre Lisse, abbé, qui trépassa le vingtième jour de janvier 1516.
— Thomas de Limours, abbé (1).

(1) *Gallia christiana.*

On y voyait encore les tombes de :

— Anselme de Chevreuse, sire de Maincourt, et de Béatrix-du-Bois, sa femme.
— Audry Lasne, qui trépassa au mois de février 1499, et de Simone, sa femme.

Sur une autre tombe, placée dans le cloître et qui avait appartenu à un seigneur de Chevreuse, on lisait ce qui reste de l'inscription suivante :

> Icy gist Hervy... seig... reuse... trépassa... saincte Catherine... le 25ᵉ novembre... Priez pour ly (1).

Nous avons été assez heureux pour retrouver quelques-unes de ces tombes. Quant aux simples religieux et aux gens de service, ils étaient inhumés dans le cimetière commun, le long du collatéral méridional de l'Eglise.

Parmi les abbés et les simples moines qui ont illustré le Monastère des Vaux, on peut citer :

Guy de Montfort qui prit une part active à la guerre contre les Albigeois, en 1185, et devint Evêque de Carcassonne.

Le moine Pierre, connu sous le nom de *Pierre des vallées Cernay,* qui écrivit l'histoire de cette guerre, Guy de Montfort étant abbé.

Thibaud, de la famille de Montmorency par son père, et de

---

(1) Archives de l'Abbaye des Vaux.

Châteaufort par sa mère, abbé qui depuis a été canonisé.

On nous permettra de faire connaître brièvement quelques-uns de ces célèbres et pieux personnages.

Dans la *Biographie universelle*, on lit ce qui suit sur le religieux Pierre :

« Vaulx Cernay (Pierre, moine de) embrassa jeune la vie religieuse dans l'abbaye de ce nom, au diocèse de Paris. Il était neveu de l'abbé Guy, l'un des plus ardents promoteurs de la guerre contre les Albigeois, mort Evêque de Carcassonne l'an 1223. Il accompagna son oncle dans la croisade des Latins contre les Grecs, dont le résultat fut l'élévation de Baudouin, comte de Flandres, sur le trône de Constantinople, et il le suivit dans son expédition contre la guerre des Albigeois. Il prit une part active à cette entreprise par ses démarches et ses prédications. Ayant vécu dans l'intimité de tous les chefs de cette guerre mémorable, personne n'était plus en état que lui d'en écrire l'histoire. Il offrit au pape Innocent III la dédicace de son ouvrage qui commence en 1202 et finit en 1218, à la mort de Simon de Montfort, tué devant Toulouse. On reproche à l'auteur sa partialité pour Simon de Montfort, son zèle ardent contre les Albigeois, et son dévoûment à la cour de Rome : c'est lui reprocher d'avoir eu les opinions de son siècle. Les récits sont pleins de chaleur et d'intérêt, on sent qu'il écrit avec conviction, et son livre est un de ceux qui font le mieux connaître les temps déplorables où il a vécu (1). » Aussi

---

(1) Biographie universelle de Michaud.

croyons-nous devoir citer les chapitres suivants, extraits de *l'Histoire des Albigeois, et gestes du noble Simon de Montfort.*

« Description des dons de l'esprit et du corps dont le comte Montfort estoit doué.

« Et pour autant que l'occasion s'offre : l'ordre raisonnable le requiert, ioignons icy ce qu'nos cognue du noble cōte de Montfort.

« Premièremēt il estoit d'excellente extraction robuste et beaucoup exercé aux armes. Et pour nous approcher a parler de sa forme, il estoit grand, auoit belle perruque et élégante face, beau regard, eminēt des espaules, les bras estendus ; en général élegāt en tout sō corps, agile et adextre de tous ses mēbres et de nulle partie de sō corps méprisable, voire entre ses enuieux. Allons d'abondant a ses plus grandes qualitez : il estoit facond et affable, familier et aimable en cohabitatiō et en chasteté très net et le premier en humilité, orné de sagesse, ferme en son propos, en conseil prouident, iuste en iugement, aux exercices de la guerre propt, en toutes ses affaires bien aduisé, graue à comencer les actes et non iamais lasse a les poursuiure, adonné du tout au service diuin. O prudētē élection ! o sage cry des pélerins ! qui se sont pourueuz par élection d'un homme si fidelle pour la défense de la Foi catholique, qui a voulu preferer vn homme si propre et utile à toute la République chrestienne et negoce de Iesus-Christ cōtre les pestiltēz hérétiques.

« Tel estoit besoin que fust l'exercite de Dieu regy par

homme exercité et orné, comme dessus est dit et par noble extratiō sincérité de mœurs et probité militaire.

. . . .

« Et n'est à taire qu'estant et si grand, Dieu l'a pourueu d'vne aide semblable à lui : c'est-à-dire d'vne femme qui est, pour le faire court, sage et soucieuse, d'une sollicitude et sagesse ornée de Religion, en la Religion instruite et informée par vne sage sollicitude, toutes les deux ensemble excitant la Religiō. En somme, Dieu auoit benict ladite comtesse en procréation de lignée : car le comte avoit d'elle plusieurs et forts beaux enfants. Ces choses déduites à la louange du dit comte, aprestōs-nous à suivre l'ordre de nostre discours. »

. . . .

« Du très-fort combat de Tolose fait par les François et audacieuses repousses de Tolosains ; en laquelle mourut d'un coup de pierre, comme sainct Etienne, le noble comte de Montfort, l'an mil deux cent dix-huit et le lendemain de la Nativité de sainct Jehan-Baptiste : de qui l'ame puisse reposer en Jésus-Christ.

« Dès l'issue des ennemis vint un messager au comte, qui, comme dit est, oyoit la messe, le sollicitant de vouloir sans différer secourir les siens. A qui l'homme déuot répondit : Laisse-moi, dit-il, ouyr le diuin mistère et voir plustot le sacrement de notre rédemption. Et comme il parloit arriua vn autre messager qui luy dit, hastez-vous, Monsieur, car la

guerre est tellement aggrauée, que les nostres ne peuuet plus
soustenir : à quoi il répondit : Ie ne sortirai point sans premier
auoir veu mon rédempteur. Mais comme le Prestre esleuoit,
suiuant la coustume, l'Hostie de la saincte Consécration,
l'homme trés-déuot ayant les genoulx fléchis et les mains
esleuées vers le ciel, Laisse à présent, dit-il, Seigneur, ton
serviteur en paix, suyuant la parolle : car mes yeux ont veu
ton salutaire ; et il adiousta : Allons si besoing est, mourons
pour celui qui a daigné mourir pour nous. Ces choses dites,
l'homme très-invincible se hasta au combat, car la guerre
s'aggrauoit et desia il y en avoit plusieurs d'un costé et d'autre
de blessez et aucuns de morts. Mais venant le gendarme de
Iésus-Christ, les forces et audaces redoublées aux nostres, les
ennemis furent repoussés et renclos iusques dans les fossez.
Nostre côte et les siens se retirat quelque peu, pour la gresle
des pierres et pluye de flèches que les ennemis ietaient, demeurèrent deuant les machines et posèrent les clayes deuant eux
pour se défendre des pierres et flèches, attendu que les
ennemis iettaiet grande abondance de cailloux sur les nostres
avec deux trébuchets, une mangonelle et plusieurs mata-
fondes.

« Mais qui sera celui qui pourra en escrire ou ouyr ce qui
s'en suit ? qui, dis-ie, le pourra réciter sans douleur ? mais qui
le pourra escouter sans souspirer ? qui, dis-ie, ne se résoudra
et découlera du tout ayant la vie des pauures estre brisée ? car
estant couché, toutes choses sont foulées et mort, tout est
mort, n'est-ce pas la consolation des tristes ? et la force des

débiles ? c'est le refrigere en l'affection et le refuge des misérables. Poursuyuons donc ce propos lamentable. Notre cõte très-fort estant, comme dit est, avec les siens devant les machines, empeschant que l'ennemi ne sortit derechef pour les ruiner : voici une pierre iettée par la mangonelle des ennemis qui frappa le gendarme de Jésus-Christ en la teste : lequel ayant reçu le coup mortel frappant deux fois sa poitrine, se recommandant à Dieu et à la benoiste vierge Marie, se rendant imitateur de la mort de sainct Estienne, lapidé comme lui en son pays, s'endormit. Et n'est-ce à taire que ce très fort gendarme de Nostre-Seigneur (mais afin que ne soyons de ceus très glorieux martyr de Iésus-Christ), auãt d'avoir reçu le coup mortel de la pierre, auoit été blessé à la similitude de son Sauveur pour lequel il endurroit patiemment la mort de cinq coups de flêches : à cause de quoy nous le croions regner avec luy. Et lui succéda son fils Almaric, iouuenceau bon et adextre imitateur de la bonté et prouesse paternelle : à qui les gendarmes François, ausquels son père avait données les terres en garde, presteret hommage et serment de fidélité. Peu de iours apres voyant le nouveau cõte qu'il n'auoit moyen de tenir longuement le siège deuãt Toloze..................................
que les pélerins s'en vouloient retourner en leur pays, leua le siège, abandonnant le chasteau Narbonnois qu'il ne pouuoit tenir et apporta le corps de son père, accoustré à la mode de France, à Carcassonne. »

Tels sont les passages vraiment curieux que nous avons extraits d'une traduction faite en 1569, de l'*Histoire des Albigeois et gestes du noble Simon de Montfort,* histoire écrite en latin au XIIIe siècle par Pierre de Cernay.

Après avoir cité ces pages nous donnerons quelques extraits de la vie de saint Thibaud, le plus illustre abbé du monastère.

« La famille de Montmorency si ancienne et si illustre dans notre histoire, dit *la Vie des Saints,* fut celle dans laquelle Dieu voulut faire naitre saint Thibaud ; son père, Bouchard de Montmorency, était seigneur de Marly ; et sa mère, Mathilde de Châteaufort, était aussi d'une famille considérable par la piété et la noblesse. Thibaud vint au monde après le milieu du douzième siècle dans le château de Marli et fut élevé d'une manière convenable à sa naissance. Dieu lui avait donné un cœur noble et généreux et il avait de si heureuses dispositions pour la vertu qu'il pouvait s'appliquer justement ces paroles du sage :

« *J'étais un enfant bien né et j'avais reçu de Dieu une âme droite.*

. . . .

« Rien ne contribua davantage à le préserver de la corruption du siècle que la dévotion qu'il avait à la sainte Vierge. Ces vertus qu'il pratiquait dans le monde et surtout cette charité ardente pour ceux qui s'en étaient retirés, lui méritèrent la grâce de le mépriser pleinement et de l'abandonner sans réserve pour ne plus vivre que dans la pratique des conseils évangéliques. Une des vérités qui le frappa davantage et qui le détermina plus promptement à la retraite fut cette menace que Jésus-Christ fait aux riches, à qui il dit *qu'il est plus aisé à un chameau de passer par le trou d'une aiguille, qu'à un riche d'entrer dans le royaume des cieux.* Quoique Thibaud comprît bien que ce n'était que l'affection aux richesses et non les richesses mêmes qui sont condamnées, il sentait en même temps *qu'il est difficile de ne pas tenir à ce que l'on possède et qu'il est beaucoup plus facile de se priver de richesses que d'en bien user en les conservant.* Déterminé par ces réflexions que la grâce de Jésus-Christ rendit efficaces dans son cœur, il alla, vers l'an 1220, se jeter aux pieds de Thomas, abbé des Vaux de Cernay. C'est une abbaye dans le diocèse de Paris qui subsiste encore aujourd'hui.......

. . . .

« Loin de porter dans le cloître, comme tant d'autres, l'orgueil de sa naissance, plus il avait été grand dans le siècle, plus il fut humble parmi ses frères. Saint Thibaud reçut avec une sainte avidité les emplois de la maison qui paraissaient les plus bas, et il eût voulu qu'on l'y laissât toujours. Mais Dieu qui se plaît à relever les humbles, autant que ceux-ci aiment à s'abaisser, inspira tant d'estime pour Thibaud à toute la communauté des Vaux de Cernay, qu'elle le demanda pour prieur à l'abbé Richard, successeur de Thomas.

« Le saint s'acquitta de cette charge avec tant d'édification et de fidélité que, sans écouter ses répugnances, on l'élut pour abbé, après la mort de Richard, en 1234.

« Il accoutumait les moines à regarder la pauvreté et le désintéressement comme des vertus essentielles à la vie religieuse et les vices contraires comme un poison funeste qui avait corrompu les plus saintes retraites. Par cette voie, il rendit son monastère un des plus florissants de l'ordre de Cîteaux et on y comptait plus de deux cents moines.

« Comme cet ordre était déjà bien déchu de sa première ferveur, on y censura dans plusieurs maisons la conduite du saint abbé. On lui dit même dans un chapitre général qu'il avilissait sa dignité en portant des habits grossiers et en partageant les emplois les plus vils avec les derniers de sa communauté.

. . . .

« L'opinion qu'on avait de sa vertu porta le roi saint Louis à le faire venir à sa cour pour obtenir la bénédiction du ciel sur la reine Marguerite, sa femme : et toute la France se crut obligée de reconnaître que Dieu accorda à ses prières la fécondité de la reine.

« Ce saint homme, après avoir ainsi achevé la course que Dieu lui avait prescrite, mourut de la mort des justes, le 8 décembre de l'an 1247. Son corps est honoré dans son abbaye, où il se fait un grand concours aux fêtes de la Pentecôte (1). »

Nous terminons cet extrait de la vie de saint Thibaud par le récit suivant :

---

(1) *Vie des Saints*. Édition de 1733.

L'église de Cernay-la-Ville conserve encore les reliques de ce saint abbé. Le cabinet des estampes, à la Bibliothèque nationale, possède deux images gravées de saint Thibaud. La collection des Saints de M. Guenebaut, renferme également une belle et rare gravure de Thibaud de Montmorency, par Grégoire Huret. 1670.

« Un jour le roi Philippe, fils du roi saint Louis, étant venu à l'Abbaye, fit appeler un moine des plus anciens, homme plein de piété et qui se nommait Henry d'Atiés. Il le questionna avec soin sur la conversation, la vie et les mœurs de Thibaud. Cet Henry était un homme âgé, fidèle, noble de race. Il répondit : *Assurément, Seigneur, je n'ai connu dans toute ma vie un homme meilleur que le pieux Thibaud, si ce n'est le roi votre père* (1). A ces paroles le roi Philippe commença à répandre de douces larmes, puis, allant à la chapelle où reposaient les os du saint et fléchissant le genou, il adora Dieu avec ferveur (2). »

Cette profonde reconnaissance du pieux roi Philippe pour saint Thibaud était bien sincère et bien légitime, et on conçoit l'émotion de ce prince sur le tombeau de l'illustre abbé, car, aux prières de saint Thibaud, dit l'histoire, Dieu accorda la fécondité de la reine Marguerite, qui eut alors un fils et la France un souverain futur et inespéré en la personne de Philippe-le-Hardi.

Au seizième siècle, l'abbaye des Vaux, comme tant d'autres, passa aux mains d'abbés commendataires. Depuis cette époque, les plus célèbres d'entre eux furent :

Philippe Desportes, auteur de poésies légères et personnage fort aimé du roi Henri III (1546-1606).

Henri de Verneuil, fils naturel de Henri IV et de Gabrielle d'Estrées (1606-1668).

---

(1) Louis IX n'était pas encore canonisé à cette époque.
(2) Notice historique sur les Vaux de Cernay, par M. Bouchitté. Versailles, 1840.

Jean Casimir, roi de Pologne (1669-1671).

Meurice de Broglio (1711.....).

Louis Charles Duplessis d'Argentré, évêque de Limoges (1789.....).

Ce prélat fut le dernier abbé commendataire des Vaux.

Les supérieurs qui précédèrent les abbés commendataires furent, pour la plupart, d'une origine obscure; mais ils eurent la noblesse et la recommandation que donnent les vertus cénobitiques. A ces vertus, l'un d'eux joignit le privilège d'une illustre naissance, et Thibaud de Montmorency, ainsi que nous l'avons déjà dit, a mérité d'être proposé par l'Eglise à la vénération des chrétiens.

Vers la fin du dix-huitième siècle, la révolution éclata sous l'action dissolvante des écrivains de cette époque. Alors, tout ce qui ne disparut pas dans la crise révolutionnaire fut profondément modifié, et un des premiers actes du pouvoir issu du nouvel ordre de choses fut la sécularisation des biens du clergé.

L'Assemblée nationale, par le décret des 19 et 20 janvier 1790, accorda aux religieux la faculté de continuer la vie monastique et une pension à ceux qui rentraient dans le monde. Quelques moines restèrent à l'abbaye des Vaux, mais l'un d'eux étant mort, tous abandonnèrent le monastère au mois de janvier 1791. L'Etat prit alors définitivement possession du domaine de Cernay, et le 18 octobre 1792, le gouvernement adjugea, comme bien national, à M. César-Philippe Depeuty, propriétaire à Clairefontaine, « *la maison conventuelle, les bâtiments, cour, enclos,* etc., *des Vaux de Cernay, pour le prix de 36.200 francs, payables en assignats.* »

Depuis cette époque, le domaine des Vaux a successivement appartenu à M. Delapalme, notaire; à MM. Petit et Dumoulins, pépiniéristes; à M. le général baron Christophe, en 1816, sous lequel la vieille Abbaye a perdu une partie de ses curieux monuments. Enfin, il appartient aujourd'hui, à Mme de Laporte, qu'on doit remercier de n'avoir pas imité ses prédécesseurs.

Telle a été de 1128 à 1790, c'est-à-dire pendant une période de six siècles, l'origine, le développement et la fin du monastère des Vaux de Cernay.

Nous avons à faire connaître maintenant l'état général de l'Abbaye, les bâtiments conservés, les monuments sculptés ou gravés qu'on y voit encore, ainsi que ceux que nous avons trouvés dans les villages voisins, provenant de l'antique monastère et dont l'ensemble forme le travail présenté au Salon de cette année.

Le plan général de l'Abbaye et de son enceinte fortifiée, le plan du Palais Abbatial et de ses dépendances, tels qu'ils existaient encore en 1785, sont représentés Pl. 1.

Au quinzième siècle, le bâtiment qui forme le côté occidental du cloître était encore le dortoir des frères convers, qui s'étendait depuis l'église jusqu'à la porte du monastère, vers le moulin. Plus tard, ce bâtiment fut approprié aux logements des supérieurs du couvent et à celui des hôtes.

Le plan général et la légende (voir à l'index); les plans du rez-de-chaussée et du premier étage, Pl. 2 (Fig. 1 et 2), donnent une idée du nombre des bâtiments et de l'usage de leurs salles au dix-septième siècle.

On trouvait, à cette époque, dans le rez-de-chaussée du bâtiment occupé par les supérieurs :

La loge du Portier ;
Le Bûcher ;
La Salle à manger des Supérieurs avec cuisine et cave ;
L'écurie du Prieur ;
Le Cellier des Religieux.

Dans les autres bâtiments étaient :

La Dépense ;
La Cuisine des Religieux ;
Le Réfectoire des Religieux ;
La Salle des Hôtes ;
Le Lavoir ?
La Buanderie ?
Le Parloir ;
Le Chauffoir ;
Le grand Escalier ;
La Salle du Chapitre ;
La Sacristie ;
Le Cloître ;
L'Eglise.

Au premier étage de ces divers bâtiments se trouvaient :

Le logement des Supérieurs ;
Le logement des Hôtes ;
Les greniers ;
Les privés ;
La Bibliothèque ?
L'Infirmerie ;
Les lieux communs ;
Le Chartrier ;
Le Trésor ;
Et le Dortoir cellulaire.

Nous donnons à l'appui de la légende qui précède le procès-verbal d'une visite des lieux réguliers, dressé en 1680, par D. Louvet, prieur des Vaux, assisté des religieux de la communauté. Cette visite fut faite à l'occasion de la prise de possession de sa charge.

« F. Charles Louvet, docteur en théologie de la faculté de Paris, religieux prestre, profés et prieur de l'abbaye des Vaux-de-Cernay, sçauoir faisons que, le vendredi, vingt-unième février mil six cent quatre-vingts, après avoir pris possession de la charge de prieur de ladite abbaye, nous nous serions appliquez, avec les religieux de la communauté, à parcourir les lieux réguliers, pour connoître l'état et la disposition dans lesquels ils sont présentement, et avons trouvé ce qui s'ensuit :

« *L'église* est entière et en assez bon état, à l'exception qu'il est nécessaire de la renduire en plusieurs endroits et blanchir partout, que le chœur de menuiserie est délabré en beaucoup d'endroits et besoin d'une grande réfection, que le carrelage doit estre fait pareillement en quantité d'endroits; — que le grand autel est purement et simplement un autel sans aucun entablement ou décoration quelconque. Il y a trois chapelles auxquelles on ne célèbre point la messe, et qui sont aussi sans décoration décente et convenable pour servir au saint sacrifice; les gros murs et voûtes sont en quelques endroits crevassez notablement, et les religieux de la communauté nous auroient dit qu'il y a à travailler à sa charpente, comme aussi à celle du clocher, auquel il paroît que la croix qui est penchante et mal soutenue.

« Les vitres de ladite église sont pour la plupart en assez mauvais état et menacent de ruine, et nécessité d'une grande réfection.

« Quelques croisées mêmes sont bouchées de mortier et ont besoin de vitres tout à neuf.

« *La sacristie* doit estre carrelée tout à neuf. Les planches dont elle est plancheyée estant pourries et la piscine qui est dedans doit estre transportée autre part, à cause de l'incommodité et humidité qu'elle y cause, et toute ladite sacristie a besoin d'estre blanchie.

« Le *cloistre* paroît en bon état, néanmoins les colonnes et les piliers du cloistre du chapitre sont évidemment penchantes du costé du préau, et il y a plusieurs endroits dans les quatre costés du cloistre qui ont besoin d'estre renduits et blanchis, et les lambris, pour la plupart, du cloistre du chapitre sont extrêmement vieux.

« Le *chapitre* est en bon état, bien carrelé, vitré et orné de bancs tout neufs; le *réfectoire* avec le *vestibule* pour y entrer du costé du cloistre, comme aussy *la salle des hostes*, qui y est contiguë, sont en bon estat et décoration honneste, et ajustement de choses nécessaires, comme aussy *la cuisine* et le lieu de la *dépense*, en laquelle il paroist y avoir besoin d'y faire une grande croisée neuve.

« Au-dessus du susdit *réfectoire*, sont *des chambres* voûtées de la voûte ancienne du réfectoire, lesquelles sont carrelées et vitrées, et la voûte et les murs paroissent assez entiers et sains ; lesdites chambres sont soutenues par des poutres qui servent de plancher d'en hault au susdit réfectoire, entre lesquelles poutres il y en a deux qui paroissent à veue d'œil plier et menacer de rupture (1).

« Le *dortoir, depuis l'église jusqu'au bout*, a un beau corridor, qui paroît sain et entier, avec vingt-deux portes de cellules régulièrement disposées ; néanmoins il n'y a que dix cellules au dedans qui soient suffisamment faites, accomplies et meublées pour y pouvoir habiter ; les autres sont sans aucun meuble, ne contenant que les murs, les cloisons et les croisées et carrelage de cellules, et quant aux cellules, dix-sept portes, les plus prochaines de l'église, elles ne sont en aucune façon faites ny disposées au dedans et n'ont que la face extérieure du costé du corridor.

« Le *bastiment des lieux communs*, qui est au bout du dortoir, a beaucoup besoin de réfection et paroist devoir estre refait tout à neuf.

« Entre le *dortoir* et le *réfectoire*, sur la salle des *hostes*, sont trois chambres, dont deux servent d'*infirmerie* ; l'autre a servi de demeure au prieur, et il y a dans lesdites chambres quantité de réfections à faire, soit pour le renduit, soit pour le carrelage, soit pour les croisées, soit pour les cheminées, dont l'une commune à deux desdites chambres, doit estre faite à neuf.

« Le *chauffoir*, qui est entre la salle des hostes et l'escalier du dortoir, est en bon état.

« Tous les lieux qui sont sous le dortoir, depuis le chapitre jusqu'au

---

(1) Nous croyons que ces chambres servaient de Bibliothèque. On y pénétrait par la porte qui existe encore à l'extrémité de la galerie qui conduit aux privés. On voit aussi dans l'épaisseur du mur l'escalier en meulière par lequel on montait aux voûtes du réfectoire. Ces voûtes et le plancher dont parle D. Louvet ont été démolis depuis 1790 et remplacés par un comble à deux égouts.

L'ancien réfectoire et la cuisine servent aujourd'hui de grange.

bout dudit dortoir, sont des voûtes qui sont bonnes, mais il n'y a rien davantage que les gros murs et les voûtes, de sorte que le parloir n'est en aucune façon disposé régulièrement, et a besoin, pour son usage, quantité de réparations.

« Au bout dudit parloir, du costé du jardin, est un certain *corps de logis* contigu audit dortoir qui, en bas, est une voûte, laquelle ne peut servir que de *vestibule*, et en haut, sert de *chartrier* et d'une chambre *pour serrer ce qu'il y a de plus précieux de la sacristie*. Il y a beaucoup à travailler audit corps de logis, en toute manière, et les religieux nous ont dit que, ci-devant, la résolution étoit presque prise de le faire abattre comme inutile, et dont la démolition rendroit bien plus belle la face du dortoir (1).

« Le *jardin*, qui est vis-à-vis des fenestres des cellules du dortoir, n'est pas encore en forme de jardin ; il y a encore des vieux bastiments à démolir, des décombres à transporter, des places à aplanir ; en outre, tout le jardin ensemble a besoin de grandes quantités de murs pour estre fermé régulièrement, et de plusieurs réparations de plusieurs brêches.

« Le *dortoir ancien des convers*, qui regarde sur la première basse-cour de l'abbaye, depuis l'église jusqu'à la porte du monastère, est refait à neuf, pour être un assez beau logis des hostes, est distribué en six ou sept chambres ; mais il n'y a encore que les gros murs, les cloisons et les cheminées de faites, avec les portes et croisées de bois préparées pour y mettre des vitres ; mais il n'y a rien encore en état d'estre habité ny d'achevé en aucune manière dans lesdites chambres.

« Le reste dudit dortoir sert de *grenier*, lequel il faut carreler tout à

---

(1) Le corps de logis dont parle le prieur D. Louvet n'existait déjà plus longtemps avant 1789, et il ne reste aucun arrachement qui puisse nous en faire connaître exactement la situation. Néanmoins, nous croyons que ce bâtiment occupait le terrain qui est devant les deux dernières travées de l'extrémité septentrionale du dortoir.

neuf et renduire de tous costés et faire d'autres réparations pour le rendre utile et commode pour son usage.

« Il y a une *petite cour* entre ledit dortoir des convers et le réfectoire, en laquelle il faut relever tout le pavé qui est mal en ordre.

« Sous ledit dortoir ancien des convers, sont des *lieux voûtés*, dans lesquels sont quantité de réparations à faire, et il est nécessaire de faire une écurie sous lesdites voûtes (1).

« Toutes les couvertures de tous les susdits lieux réguliers sont passablement en ordre, et il est nécessaire néanmoins de repasser partout à cause de plusieurs manquements de thuiles qui sont de costés; néanmoins, pour ce qui est du dortoir des religieux et de la partie du dortoir des convers destinez pour l'appartement des hostes, ils sont couverts tout à neuf, et il ne paroist rien à faire. En foi de quoi lesdits religieux de la communauté estant par nous interpellez de signer, ont signé avec nous les jour et an que dessus.

Fr. Claude CAMUS, Fr. Claude AUVRY, Fr. N. MICHELIN, sous-prieur, Fr. Robert BOTTA, Fr. Joseph CAQUERET, D. LOUVET.

Le document qui précède, conservé aux archives de Cernay, nous fait donc connaître l'usage de chacune des salles dans l'économie de l'Abbaye.

En dehors des bâtiments claustraux, mais toujours dans l'enclos du Monastère, étaient :

Le Potager et sa source d'eau ferrugineuse,

---

(1) Ces *lieux voûtés* sont désignés aux plans (F^{ile} 2) par les dénominations suivantes : bûcher, cellier, écurie, etc.

Le Colombier,
Le Jardin et ses Viviers,
La Fontaine Saint-Thibaud,
Et le Cimetière.

Contigus à l'Abbaye, il y avait :

Le Moulin des Religieux,
Les Ecuries,
Et la Basse-Cour.

On y voyait encore :

Le Palais Abbatial avec sa cour d'honneur, son parterre, son potager, sa basse-cour et ses écuries. Enfin, le monastère et ses dépendances étaient défendus par une muraille assez élevée et par l'étang des Vaux. On y pénétrait du côté du nord par le Pont fortifié, bâti à l'extrémité de la chaussée qui retient l'étang, et du côté du midi par les portes de l'Abbaye et celle du Hameau. Ajoutons que non loin de l'Abbaye, et vers Cernay-la-Ville, était le lieu d'exécution des sentences prononcées par la justice des Religieux (1).

La désignation précédente des bâtiments et des dépendances

---

(1) Archives des Vaux. Plan de la seigneurie de Cernay. 1785.

de l'Abbaye des Vaux, nous fait voir combien étaient nombreuses et importantes les constructions du Monastère de Cernay.

Quelques détails maintenant sur les bâtiments conservés.

Les diverses salles du rez-de-chaussée du *bâtiment faisant le côté occidental du cloître* (Pl. 3), ont leurs murs et leurs voûtes ogivales construits en meulières, et les colonnes, chapiteaux et contreforts construits en grès. On remarque que ces voûtes, dont l'édification date des premières années du xiie siècle, sont des voûtes dites d'arête, sans nervures, qu'elles n'ont que des arcs-doubleaux reposant sur des colonnes, les unes isolées, les autres engagées dans les murailles. Elles sont enduites en mortier, et sur les arcs-doubleaux seulement sont tracés en couleur rouge clair les joints simulant un appareil. Ces salles servent aujourd'hui, les unes de celliers, les autres d'étables, d'écuries, etc.

En saillie, vers l'ancien cloître, est le grand escalier conduisant au premier étage (coupe AB).

Au seuil de l'une des portes de cet escalier, existe un fragment de pierre tombale sur lequel on lit (Pl. 8, Fig. 8) :

....VDOVICI - CVIVS - II....

Cet escalier est remarquable par sa grandeur ; la rampe est avec gros balustres en bois, parfaitement exécutés. Sur l'avant-dernière marche, nous avons trouvé un carreau de terre cuite à

six pans, sur lequel a été écrit, avant la cuisson, ce qui suit
(Pl. 8, Fig. 7) :

L'année 1694, par Michel Chéron

Michel Chéron était probablement le maître ouvrier qui a reconstruit l'escalier.

Le premier étage de ce bâtiment n'offre rien d'intéressant, si ce n'est la pierre tombale qui sert maintenant de foyer à la cheminée d'une chambre située à l'extrémité méridionale dudit bâtiment. Cette pierre (Pl. 9, Fig. 1) représente un jeune moine, les mains jointes; sous ses pieds sont deux chiens prêts à se battre; au-dessus sont quatre petits moines agenouillés et priant; à droite et à gauche, dans une décoration ogivale, des Pères portant une crosse, quoi qu'il ne soit pas démontré que le personnage fût un abbé.

Au pourtour est écrit ce qui suit, en capitales gothiques :

HIC : IACET : BONE : MEMORIE : MICHAEL ! Q. . . . . .
SIS : DE : NEALPHA : CASTRO : QUI : OBIIT : ANNO : DNI :
MCC : SĒDO :... II :... ALENDAS : OCTOBRIS : AIA : EI :
REQUIESCAT : IN : PACE : AMEN.

Au-dessus de cet étage, sous un beau comble, est un vaste grenier dont la charpente, en bois de chêne, est parfaitement conservée.

Les plans et coupes de ce grand bâtiment sont dessinés

Pl. 2 et 3. Il sert aujourd'hui à l'habitation du propriétaire actuel des Vaux.

Le *grand corps de logis*, précédemment décrit, et le *Réfectoire* sont séparés par une cour au nord de laquelle est un bâtiment construit en grès au XVIIe siècle. Au rez-de-chaussée sont plusieurs *petites pièces,* et au premier étage existe une *galerie* qui mettait en communication *le logement des supérieurs du Monastère* avec des *chambres* dont nous n'avons pu connaître l'usage.

Les plans et coupes du bâtiment dont la description précède sont dessinés Pl. 2 et 3.

A l'extrémité méridionale du réfectoire existait un *Vestibule* dont la porte communique à l'une des galeries du cloître, bâti au XIIIe siècle, et dont on voit encore une partie assez considérable parfaitement conservée, et des restes de peintures représentant deux personnages nimbés (Pl. 6, Fig. 1, 2, 3 et 4).

L'*Eglise du couvent* est la construction la plus importante qui soit encore debout. Il reste le mur septentrional de la nef, le pignon occidental avec ses roses et ses deux portes, le collatéral méridional avec ses voûtes, et les deux chapelles du transsept méridional. Le collatéral et le transsept du côté du nord, ainsi que la voûte de la nef, ont été démolis. (Pl. 2, 3 et 4).

Cet édifice, de style ogival, est dépourvu de toute ornementation ; il est construit en meulière hourdée en mortier ; les parements intérieurs étaient enduits en mortier sur lequel était peint un appareil régulier d'assises.

Le sol de l'Eglise était dallé en grès, mais nous avons trouvé des fragments de carreaux vernissés que nous croyons avoir appartenu au chœur de l'Eglise (Pl. 8, Fig. 6) (1).

Les deux Chapelles du transsept sont voûtées en cul de four ; à l'intérieur, sont des traces de peinture sans intérêt.

Sur le sol de l'une de ces chapelles, nous avons trouvé des fragments mutilés d'une tombe du xive siècle, ayant appartenu à un chevalier. Ces fragments, en pierre de schiste, portent encore des traces d'incrustation du métal ayant représenté ce personnage.

Dans la cour, au-devant du pignon occidental (entrée principale de l'Eglise), sont çà et là des fragments considérables de sculpture de la Renaissance, tels que frises, corniches, pilastres. Dans le mur de clôture, sur la route et formant piliers de porte charretière, sont encore deux contreforts ornés de colonnettes et rinceaux sculptés avec beaucoup d'art.

Quelques-uns de ces fragments sont dessinés Pl. 7, A. B. C. F. G.

Dans le prolongement du bras septentrional du transsept est un long bâtiment dont la partie contiguë à l'église n'existe plus. Là étaient la *Sacristie,* la *Salle du Chapitre* et le *grand Escalier du Dortoir.* Mais à la suite, existe encore une salle formée de quatorze travées sur la longueur et divisée en deux

---

(1) Dans une habitation dépendant du domaine des Vaux, et dont l'entrée principale est par le hameau de Cernay, existe un grand cabinet dont le plancher bas est recouvert de carreaux semblables.

travées sur la largeur par des colonnes en grès avec chapiteaux sculptés. Les voûtes et nervures de ces salles sont construites en meulière.

Cette partie du bâtiment contenait : au centre, le *Chauffoir*, et à l'extrémité septentrionale, *le Parloir* et *la Buanderie*. En saillie et sur la rivière des Vaux est une salle (rez-de-chaussée des communs du dortoir), maintenant comblée et que nous croyons avoir été le *Lavoir* (1).

Au premier étage de ce long bâtiment et au-dessus des salles précédentes existait le *Dortoir*, reconstruit par saint Thibaud, de 1234 à 1247. Voici quelle en était la disposition : au milieu existait un corridor et de chaque côté était un rang de cellules ayant chacune deux fenêtres dont on voit encore les arrachements. Attenant au dortoir et à son extrémité nord est le *Bâtiment des Lieux communs*, formé de deux murailles encaissant la rivière et réunies à la partie supérieure par des arcs en ogive laissant entre eux un vide.

Déjà nous avons constaté une disposition semblable et pour le même objet à l'abbaye de Maubuisson.

Les plans et coupes des bâtiments dont il vient d'être parlé sont dessinés (Pl. 2, 3 et 4).

---

(1) L'état des lieux, dressé en 1680, ne dit pas à quel usage étaient affectés les deux dernières salles dont il vient d'être parlé. Nous supposons que l'une de ces salles, celle contiguë au parloir, était la *buanderie*, à cause d'une très-grande cheminée qu'on voit encore dans le mur pignon, et que l'autre salle était le *lavoir*, en raison de sa proximité de la *buanderie* et de sa situation sur la rivière des Vaux.

A l'extrémité d'une avenue située un peu au-delà de l'ancien dortoir sont encore des fragments de sculpture de la Renaissance. On y voit aussi une pierre tombale (Pl. 8, Fig. 5), sur laquelle on lit ce qui reste d'une inscription mutilée :

... ORIE. DNS. GUILLEM'. UN. DECIM'. ABBAS. IIVI'.
CENOBII. QI. OBIIT. ANNO. DNI. M.CCC. QUINTO.
DIE. MERCURII. IN FE... (1).

Enfin, un fragment d'une autre tombe porte ces mots : (Pl. 8, Fig. 4).

DONNUS. DANIEL Q......

Tel est aujourd'hui l'état des anciens bâtiments claustraux des Vaux de Cernay.

Il nous reste maintenant à faire connaître les dépendances de l'Abbaye, parmi lesquelles se trouvent :

La *Fontaine de saint Thibaud*, qui n'a rien de remarquable, si ce n'est le bassin, qu'une inspiration malheureuse a formé d'arcs provenant du cloître de la Renaissance. Non loin de cette fontaine est un petit monument de style ogival que nous croyons avoir été le socle de la maîtresse croix du cimetière des Religieux (Pl. 6, Fig. 12).

---

(1) Nous complétons cette inscription d'après la *Gallia Christiana* :
Hic jacet bonæ memoriæ............... in festo. B. Ludovici cujus anima regna possideat sempiterna.

Le *Colombier,* construction des premiers temps de l'Abbaye, mais dont le comble a été refait au xvie siècle.

La *Source d'eau ferrugineuse,* qui consiste en une galerie principale et voûtée avec annexe de chaque côté.

Enfin les *Portes charretières et bâtardes* attenant au moulin, curieuse construction militaire du xve siècle, où on voit encore une meurtrière.

Ces dépendances du monastère des Vaux sont dessinées Pl. 5.

Pour compléter cette description, nous avons encore à faire connaître le *Pont fortifié, le Palais Abbatial* et quelques-uns des monuments sculptés qu'on y trouvé, la *Porte de l'Abbaye* et la *Porte du Hameau.*

Le *Pont* est situé à l'extrémité nord de la chaussée qui retient l'étang. Il se compose de deux arcs en ogive, avec murs de soutènement et radier. Le mur d'enceinte dans lequel existait la porte est presque entièrement détruit; cependant on y voit encore deux meurtrières formées de plaques de grès, (Pl. 5).

Le *Palais Abbatial* construit vers la fin du xviie siècle a été tellement transformé que nous avons vainement cherché les restes de son ancienne splendeur. L'enclos de cet ancien palais est jonché de nombreux débris, parmi lesquels nous citerons :

Les restes du cloître de l'Abbaye, tels que des chapiteaux et des bases antérieurs au xve siècle (Pl. 6, Fig. 5, 7, 8, 9); des arcs, des chapiteaux et des pilastres du xvie siècle. (Pl. 7, H.).

Un fragment de tombe avec l'écu, du personnage auquel

elle a appartenu (Pl. 8, Fig. 1 et 2). On lit aux extrémités ce qui reste d'une inscription :

. France . q . t... de . gr... (1).

Enfin, la pierre qui recouvrit les restes de saint Thibaud depuis sa mort jusqu'à sa canonisation. (Pl. 8, Fig. 3) (2).

Sur cette pierre, on lit cette simple inscription en capitales gothiques :

Hic : iacet : Theobaldus : abbas.

La *Porte de l'Abbaye,* située à l'extrémité méridionale de la route, qui, aujourd'hui, divise le domaine, est en plein cintre; elle présente, comme toutes les portes fortifiées, un passage pour voiture et un guichet pour piéton ; sur les contreforts,

---

(1) Nos recherches pour connaître le personnage inhumé sous cette tombe, ont été infructueuses. Néanmoins nous pensons que c'était un dignitaire de la couronne et un ancêtre de Louis Caillebot, marquis de la Salle, maître de la garde-robe du roi, mort le 7 décembre 1728. L'écu de Louis Caillebot, comme celui dessiné (Pl. 8, Fig. 1 et 2), présente six annelets, mais sans barre. (*Hist. généalog. et chronolog. de France.* Anselme. Tome 9, page 227).

(2) La tombe de saint Thibaud sert aujourd'hui de *siège,* non loin d'une chapelle récemment bâtie par un des précédents propriétaires de l'ancien palais abbatial. Nous avons le ferme espoir qu'aussitôt ce fait connu de Mgr l'évêque de Versailles et de la noble famille des Montmorency, cette pierre tombale sera recueillie et placée en lieu convenable.

existent encore des corbeaux en grès destinés à supporter les herses ou fermeture ; sa construction nous paraît remonter à la fondation même de l'abbaye (1).

Le *Hameau de Cernay* comprend quelques maisons en meulière, rebâties plusieurs fois depuis le treizième siècle et qui n'offrent rien d'intéressant.

La porte *dite du Hameau,* construite en grès et en meulière, est ogivale ; elle était surmontée de créneaux dont il reste des arrachements. On y voit encore les corbeaux et les mortaises nécessaires aux machines de guerre de ces temps éloignés.

Les plans et coupes de ces deux portes sont dessinés Pl. 5.

Telles sont les dernières constructions que nous avons eu à décrire dans l'illustre abbaye.

Ici se termine nos recherches dans les bâtiments et dépendances encore existants du monastère de Cernay. Mais nous avons exploré les villages environnants, et il nous reste à faire connaître le résultat de nos excursions. C'est ainsi qu'à Vies-Église, nous avons trouvé, servant de foyer chez des cultivateurs, MM. Buchère et Broxonne, deux pierres tombales.

Sur l'une de ces pierres est gravée une main sortant d'un nuage et tenant une crosse (Pl. 8, Fig. 9). C'est une

---

(1) Nous avons constaté qu'à cette porte, le sol de la vallée s'est exhaussé de 0^{m}80^c depuis le XIIe siècle jusqu'à nos jours.

tombe d'abbé ; au pourtour, on y lit ce reste d'inscription :

..... IACET . DOMINVS . JOHES . QVONDAM . ABBAS . DE . FONTANIS . IN . TURONIA . REQVIESCAT.... (1).

Sur l'autre pierre sont représentés deux personnages entourés de moines ; sous leurs pieds sont deux ânes aux longues oreilles (Pl. 9, Fig. 2). L'inscription suivante, gravée au pourtour et parfaitement conservée, en fait connaître les noms :

CY GIST AUDRY LASNE EN.... JOUR DE FÉVRIER LAN DE GRÂCE MIL CCCCL XXX XIX PRIEZ DIEU POUR LUY AMEN. CY GIST SIMONE FEME DUDIT AUDRY QUI TRÉPASSA.....

Cette tombe était placée dans l'église, proche le grand autel, du côté de l'épître. Audry Lasne était un riche personnage bienfaiteur des Vaux, car « *il donna à l'abbaye le fief du greffier, situé en la paroisse de Longchamp, consistant en une maison seigneu-*

---

(1) Le religieux auquel cette tombe a appartenu était Abbé de Fontaines, monastère de l'ordre de Citeaux, situé dans le diocèse de Tours. Selon l'abbé Lebeuf, on lisait encore sur cette tombe :

DE NEALPHA CASTRO (de Neauphle-le-Château).

Malgré nos recherches, nous n'avons pu savoir quelles circonstances ont amené ce moine à l'Abbaye des Vaux, où il tomba malade, y mourut, et où il fut inhumé dans l'église du lieu.

riale, 60 arpents de terres labourables et vingt-huit livres de censives portant lots et ventes, quatre chapons et deux septiers d'avoine, rendables le jour de Sainct Etienne (1). »

A Dampierre, au château de M. le duc de Luynes, nous avons vu une tombe d'abbé provenant de l'abbaye de Cernay (Pl. 9, Fig. 3). Au pourtour, sont gravées les deux inscriptions suivantes :

. HIC . IACET . BONE . MEMORIE . MAGISTER . SIMON . DE . RVPPERFORTI . DOCTOR . THEOLOGVS . QVONDAM .... US ... NOBII . ABBAS . XIII . QVI .... OBIIT . ANNO . DNI . MCCCXXVII . IN . DIE . BI . BENEDICTI . REQUIESCAT . IN . PACE....

. CLERI . SOL . LVNA . LVX . LAVS . FONS . FLVVIVS . EQVOR . REGVLA . LIMA . DÉCOR . PETRA . IACET . ISTE . SVB . VNA.

Enfin, à Girouard, près de Lévy-Saint-Nom, nous avons retrouvé des fragments ignorés et beaucoup plus considérables que ceux qui jonchent le sol du domaine des Vaux et de l'ancien Palais Abbatial, entre autres une frise sculptée longue de plus de 20 mètres, douze pilastres sculptés avec chapiteaux : deux de ces pilastres sont surmontés de leurs arcades. Tous ces monuments proviennent du cloître de l'Abbaye achevé au seizième siècle, dans un style autre que le style primitif. Ces divers fragments sont dessinés (Pl. 7, D, E).

(1) Archives de l'Abbaye des Vaux.

Par ce qui précède, on voit que nos excursions dans les villages voisins du hameau des Vaux n'ont point été infructueuses, mais on regrette les tristes usages auxquels servent maintenant ces restes précieux du célèbre monastère de Cernay (1).

Nous avions le plus grand désir de dessiner, pour le Salon, tous les curieux morceaux de sculpture existant encore, soit aux Vaux, soit à la Cour Girouard. Mais le travail auquel nous nous sommes livré est déjà considérable ; les Etudes exposées et la Notice qui les accompagne nous semblent assez complètes pour faire apprécier les diverses parties de ce Monastère et appeler l'attention du Gouvernement et de la Commission des Monuments Historiques sur les ruines de l'illustre et antique Abbaye cistercienne des Vaux de Cernay.

Paris, février 1852.

HÉRARD, Architecte.

---

(1) Quelques-uns de ces fragments servent aujourd'hui de supports à un hangar de basse-cour, d'autres gisent çà et là dans le jardin de M. Busquet. Ils furent achetés, après leur démolition, par M. Bellangé, tapissier de l'empereur Napoléon, et transportés à Girouard, où nous les avons retrouvés. Il est à désirer que tous ces monuments aujourd'hui aux Vaux, à Vies-Eglise, à Girouard, soient réunis dans l'ancienne Abbaye cistercienne de Cernay. Ils sont assez nombreux pour faire un *Musée cantonnal*, montrant l'art depuis le XIIe jusqu'au XVIe siècle, et dont l'intérêt serait d'autant plus réel que ce Musée se trouverait dans une vallée à l'aspect inculte et sauvage.

Qu'il nous soit permis d'espérer que M. le duc de Luynes, qui aime et conserve du passé tout ce qui est digne d'être conservé, réalisera cette utile conception. Le Musée des Vaux deviendrait alors une annexe très-intéressante du beau château de Dampierre.

L'exquise urbanité avec laquelle nous avons été reçus pendant notre séjour aux Vaux, par le possesseur actuel du domaine, nous fait un devoir de lui témoigner l'expression de notre gratitude.

Nous prions également M. le baron de Guilhermy, conseiller référendaire à la Cour des comptes, et M. Paul Huot, procureur de la République à Orléans, d'agréer, nos sincères remerciements pour les avis que ces archéologues distingués ont bien voulu nous donner.

H.

ABBAYE DES VAUX DE CERNAY

Planches

ABBAYE DES VAUX DE CERNAY

Fondée en 1128 par le connétable SIMON, *seigneur de Neaufle-le-Châtel, et* EVE *son épouse*

Pl. 1

PLAN GÉNÉRAL DE L'ABBAYE ET DE SON ENCEINTE FORTIFIÉE, PALAIS ABBATIAL ET DÉPENDANCES TELS QU'ILS EXISTAIENT EN 1785.

- A, A Potager.
- B, B Jardins.
- B' Vivier.
- C, C Emplacement de l'ancien Palais Abbatial.
- D Colombier.
- F Fontaine St-Thibaud.
- G Cimetière des religieux.
- S Source ferrugineuse.
- T Moulin.
- U Ecurie.
- V Basse-cour.
- X, Y, Z ....?
- H Palais Abbatial.
- I Parterre.
- J Potager.
- K Ecurie,
- *a* Pont fortifié.
- *b* Chaussée de l'étang.
- *c* Porte de l'abbaye.
- *d* Porte du hameau.
- L Hameau de Cernay.

ABBAYE DES XAVX DE CERNAY

PLAN GÉNÉRAL DE L'ABBAYE ET DE SON EXTENSE FOUILLÉE, AVANT LA FONDATION DE LA DÉPENDANCE

LES QUATRE ÉTATS RETENUS EN 1983.

A. V. Porger.
B. B. antique.
B. Infirme.
C. Avant.
C. C. Emplacement de l'ancien.
  Infirme Abbatiale.
D. Colombier.
F. Portes St-Thibaud.
C. Cimetière des religieux.

I. Eglise.
II. Porte de l'abbaye.
 Salle capitulaire.
7. Parloir.
 Réfectoire.
 Dortoir.
2. Source (principale).

1. Bâtiment de logement.
1. Pont du jardin.
5. Forge de L'hôte.
 Chapelle de l'abbaye.
5. Quatre-de l'évêque.
 Salle privée.
1. Porche.

Fig. 1

Fouillé en 1953 par la commune Simon, respectant de l'association de Nantet-le-ahurin, la FEVU sur épose en 1156 et 1850.

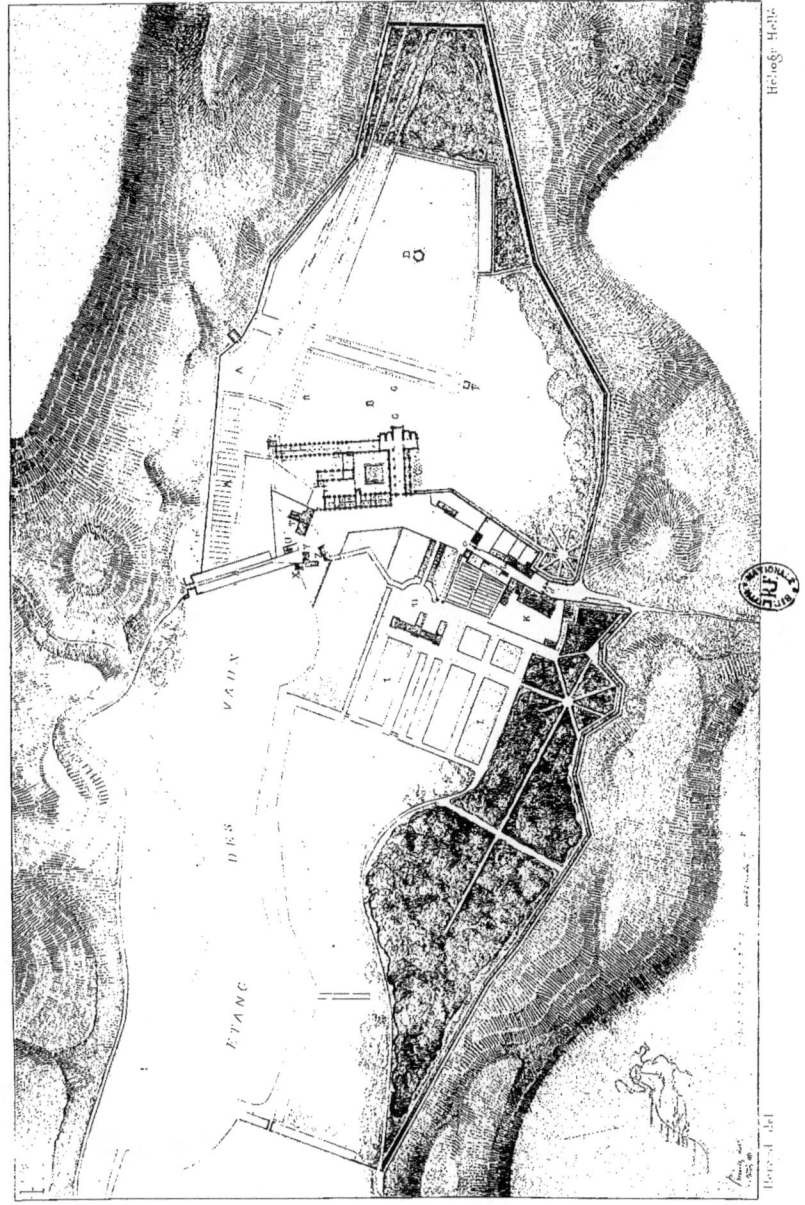

ABBAYE DES VAUX DE CERNAY
PLAN GÉNÉRAL (1785)

ABBAYE DES VAUX DE CERNAY

Fondée en 1128
par le connétable Simon, *seigneur de Neaufle-le-Châtel, et* Eve *son épouse*

Pl. 2

PLANS DU REZ-DE-CHAUSSÉE ET DU Ier ÉTAGE

Fig. 1, Plan du rez-de-chaussée

A	Loge du portier.	K	Salle des hôtes.
B	Bûcher.	L	Parloir.
C	Salle à manger des supérieurs.	M, M	Chauffoir.
D	Cuisine des supérieurs.	M"	Buanderie ?
E	Cave des supérieurs.	M'	Lavoir ?
F	Ecurie du prieur.	O	Salle du chapitre.
G	Cellier des religieux.	P	Sacristie.
H	Dépense.	R, R	Cloître.
I	Cuisine des religieux.	S	Eglise.
J	Réfectoire des religieux.		

Fig. 2, Plan du 1er étage

B'	Bibliothèque ?	N	Escalier.
C'	Infirmerie des religieux.	S	Eglise.
D'	Dortoir des religieux.	T, T	Logement des supérieurs.
E'	Galerie.	P	Logement des hôtes.
F'	Grenier.	P'	Privés.
M'	Bâtiment des latrines.		

ABBAYE DES VAUX DE CERNAY

Fondée en 1125

par le connétable Simon, seigneur de Neaufle-le-Château, en Brie sous peine.

Pl. 2

PLANS DU REZ-DE-CHAUSSÉE ET DU 1ᵉʳ ÉTAGE

Fig. 1. Plan du rez-de-chaussée.

A Loge du portier.	K Salle des hôtes.
B Bûcher.	L Parloir.
C Salle à manger des supérieurs.	M, M Chauffoir.
D Cuisine des supérieurs.	N Buanderie.
E Cave des supérieurs.	N' Laverie.
F Écurie du prieur.	O Salle de chapitre.
G Cellier des religieux.	P Sacristie.
H Dépense.	R, R Cloître.
I Cuisine des religieux.	S Église.
J Réfectoire des religieux.	

Fig. 2. Plan du 1ᵉʳ étage.

B Bibliothèque?	N Bûcher.
C Infirmerie des religieux.	S Église.
D Dortoir des religieux.	T, T Logement des supérieurs.
F Galerie.	P Logement des hôtes.
F' Grenier.	P' Privés.
M Bâtiment des latrines.	

ABBAYE DES VAUX DE CERNAY   Pl. 2

Fig 1 — Plan du Rez-de-Chaussée

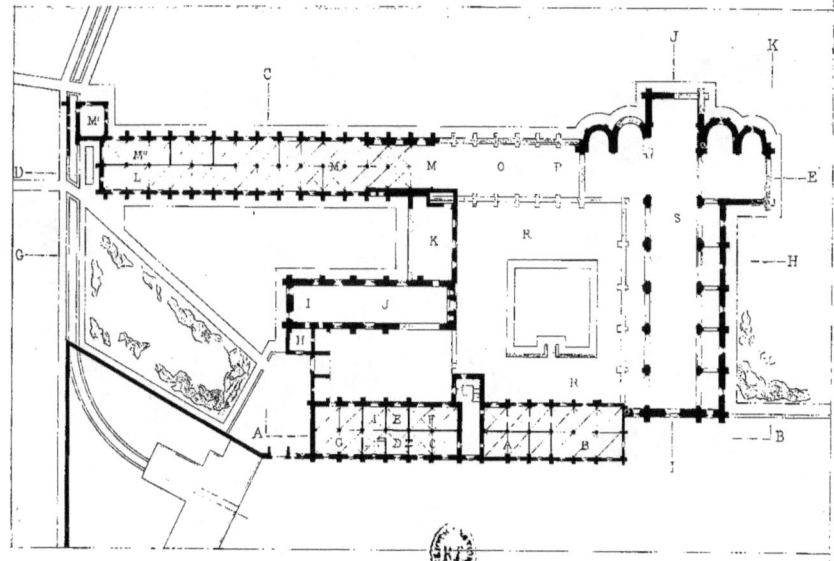

Fig 2. Plan du Premier Étage.

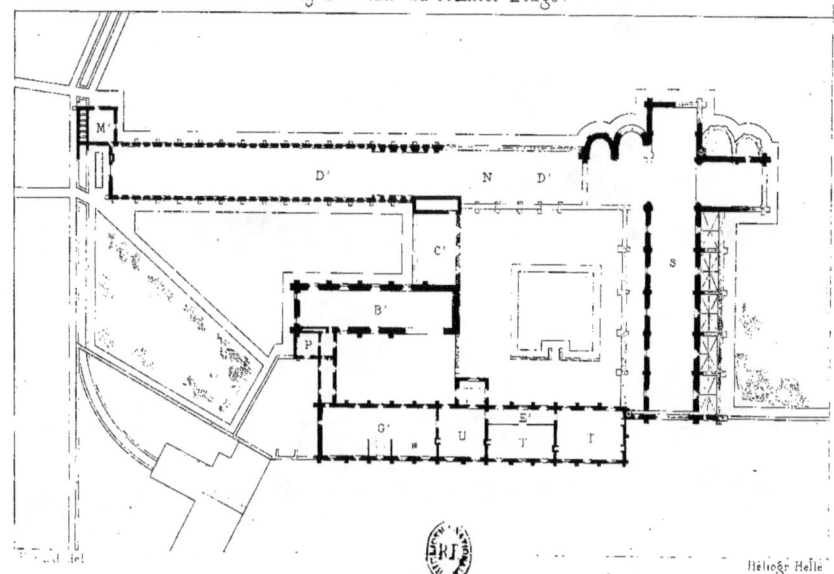

Héliogr Helle

ABBAYE DES VAUX DE CERNAY
Fondée en 1128
par le connétable SIMON, *seigneur de Neaufle-le-Châtel, et* EVE *son épouse*

Pl. 3
BÂTIMENT FAISANT LE CÔTÉ OCCIDENTAL DU CLOÎTRE

Coupe AC (Voir pl. 2, fig. 1), Coupe AB (Voir pl. 2, fig. 1) XIIe siècle.
L'ÉGLISE, coupe BK, coupe JI (voir pl. 2, fig. 1) XIIe siècle.

ABBAYE DES VAUX DE CERNAY

Fondée en 1128
par le connétable Simon, seigneur de Neaufle-le-Châtel, et Ève son épouse

Pl. 3

BÂTIMENT FAISANT LE CÔTÉ OCCIDENTAL DU CLOÎTRE

Coupe AC (Voir pl. 2, fig. 1), Coupe AB (Voir pl. 2, fig. 1) XIIIe siècle.
L'église, coupe BK, coupe JI (voir pl. 2, fig. 1) XIIe siècle.

ABBAYE DES VAUX DE CERNAY

BÂTIMENTS CLAUSTRAUX, ÉGLISE
Côté occidental du cloître

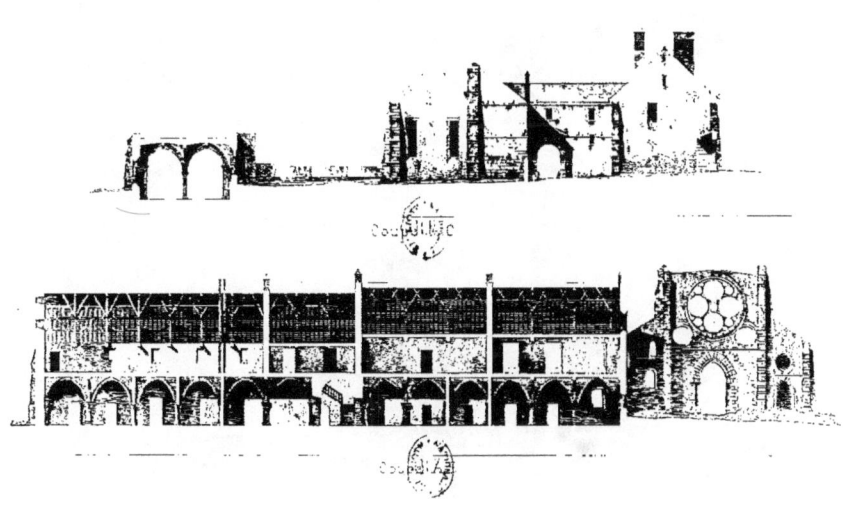

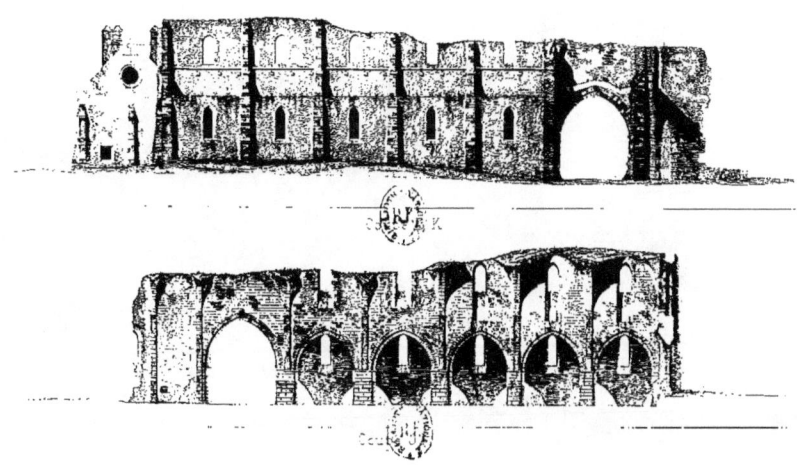

ABBAYE DES VAUX DE CERNAY

Fondée en 1128 par le connétable SIMON, *seigneur de Neaufle-le-Châtel, et* ÈVE *son épouse*

Pl. 4

BÂTIMENTS CLAUSTRAUX, XIIe SIÈCLE

Coupe DE, coupe GH, (voir pl. 2, fig. 1)

ABBAYE DE VAUX DE CERNAY

Fondée en 1128 par le comte Simon d'Amiens, agrégée à l'Ordre de Cîteaux, et fit de nos jours

Pl. 4

Coupe DE, coupe CH, (voir pl. 2, fig. 11)
BATIMENTS CLAUSTRAUX sur arcade

ABBAYE DES VAUX DE CERNAY

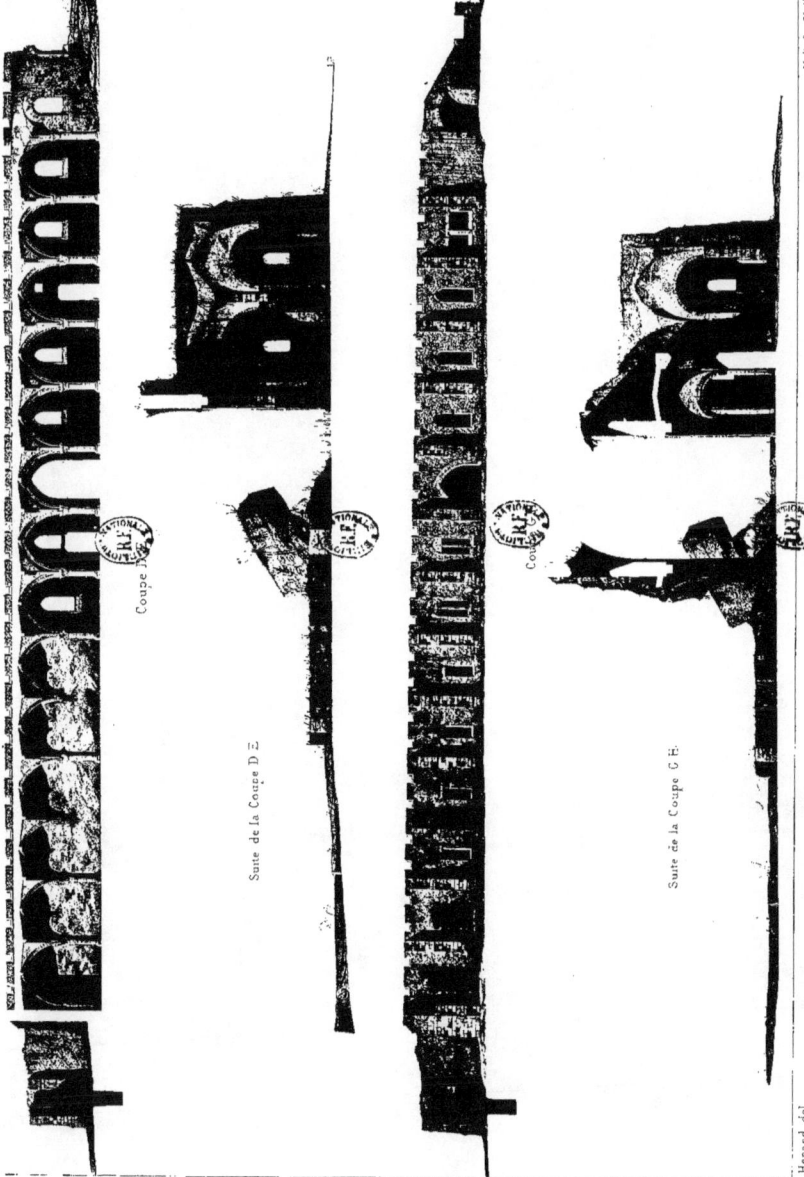

Pl 4

ABBAYE DES VAUX DE CERNAY

Fondée en 1128
par le connétable Simon, *seigneur de Neaufle-le-Châtel, et* Eve *son épouse*

Pl. 5

Porte charretière et bâtarde attenant au moulin, élévation, plan et coupe AB, xve siècle.
Colombier, élévation, plan et coupe, xiie siècle; le comble refait au xvie siècle.
Source d'eau ferrugineuse, plan et coupes.
Porte de l'abbaye, élévation, plan et coupe, xiie siècle.
Pont fortifié au nord de la chaussée qui retient l'étang. Plan et coupes.
Porte du hameau de Cernay, xiie siècle. Plan et coupes.

ABBAYE DES VAUX DE CERNAY

Fondée en 1128
par le connétable Simon, seigneur de Neaufle-le-Châtel, et Ève son épouse

Pl. 5

Porte charretière et bâtarde attenant au moulin, élévation, plan et coupe AB, XV⁰ siècle.
Colombier, élévation, plan et coupe, XIV⁰ siècle ; le comble refait au XVI⁰ siècle.
Source d'eau ferrugineuse, plan et coupes.
Porte de l'abbaye, élévation, plan et coupe, XIII⁰ siècle.
Pont fortifié au nord de la chaussée qui retient l'étang. Plan et coupes.
Porte du hameau de Cernay, XII⁰ siècle. Plan et coupes.

ABBAYE DES VAUX DE CERNAY

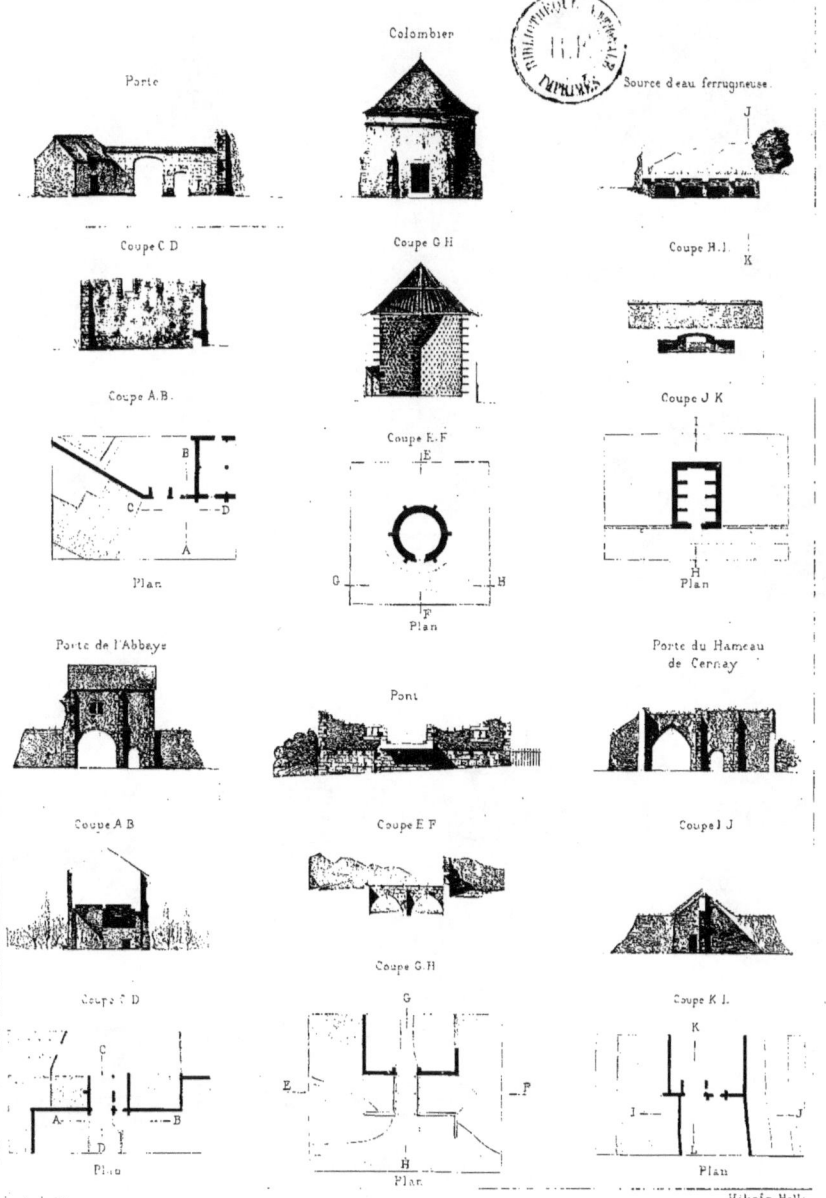

ABBAYE DES VAUX DE CERNAY
Fondée en 1128
par le connétable SIMON, *seigneur de Neaufle-le-Châtel, et* EVE *son épouse*

Pl. 6

Fig. 1, 2, 3, 4. PORTE DU VESTIBULE, XIIIe siècle. Elévation, plan et coupes.
Fig. 5. CHAPITEAU (Cloître). — Fig. 6. CHAPITEAU, bâtiments claustraux. Fragments trouvés aux Vaux.
Fig. 7, 8, 9. CHAPITEAU ET BASE. — Fig. 10, 11. Fragments de TOMBE. — Fig. 12. SOCLE de la maîtresse croix du cimetière des religieux.

ABBAYE DES VAUX DE CERNAY

Fondée en 1128

par le connétable Simon, seigneur de Neaufle-le-Châtel, et Ève son épouse

---

Pl. 6

Fig. 1, 2, 3, 4. Porte du vestibule, xiiiᵉ siècle. Élévation, plan et coupes.
Fig. 5. Chapiteau (Cloître). — Fig. 6. Chapiteau, bâtiments claustraux.
Fragments trouvés aux Vaux.
Fig. 7, 8, 9. Chapiteau et base. — Fig. 10, 11. Fragments de tombe. —
Fig. 12. Socle de la maîtresse croix du cimetière des religieux.

ABBAYE DES VAUX DE CERNAY

DÉTAILS DU CLOÎTRE
Porte du vestibule

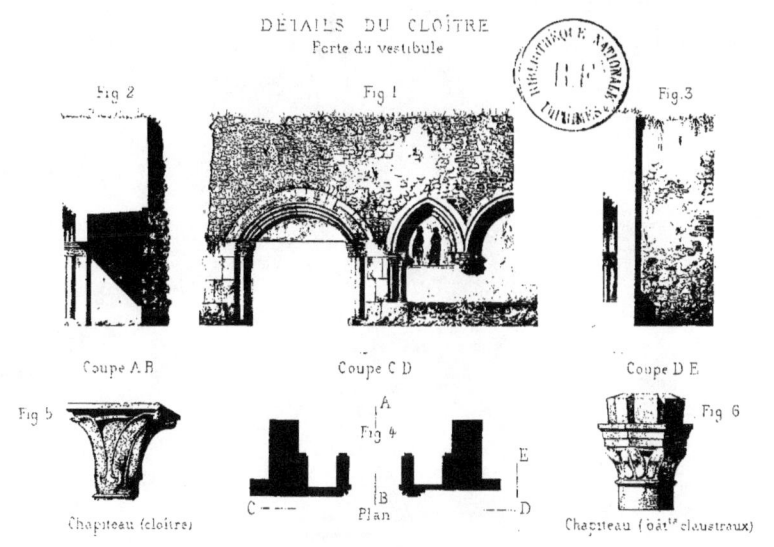

FRAGMENTS TROUVÉS AUX VAUX
Fig. 7, 8 et 9 chapiteau et base. Fig. 10 et 11, Tombe et tombeau, Fig. 12, socle de la croix du cimetière.

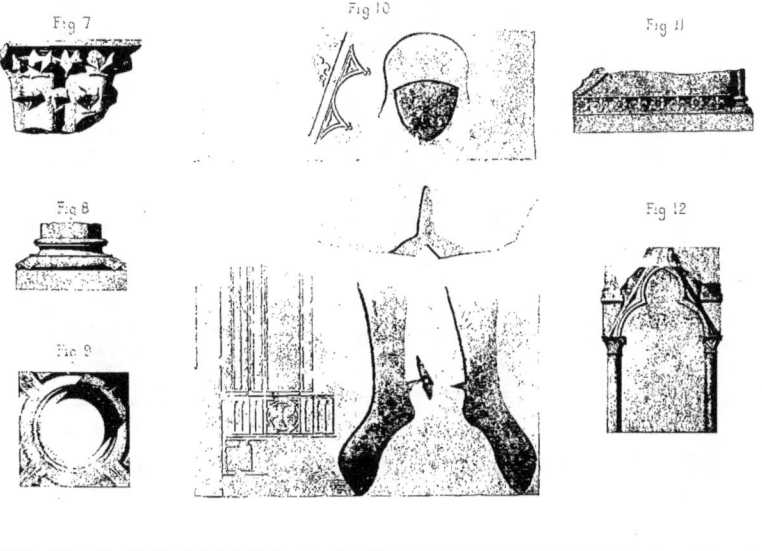

ABBAYE DES VAUX DE CERNAY

Fondée en 1128
par le connétable SIMON, *seigneur de Neaufle-le-Châtel, et* EVE *son épouse*

Pl. 7

FRAGMENTS TROUVÉS

A GIROURARD PRÈS DE LÉVY-SAINT-NOM,

PROVENANT DU CLOÎTRE DE L'ABBAYE, ACHEVÉE AU XVIe SIÈCLE.

A, B, C, G, Fragments de FRISE. — F, PILASTRE, bâtiments claustraux.
D, E, PILASTRES sculptés avec leurs chapiteaux, surmontés de leurs arcades.
H, PILASTRE.

PROVENANT DU CLOITRE DE L'ABBAYE, ACHEVÉE AU XVIe SIÈCLE.

ABBAYE DES DAMES DE SAINTES
DÉTAILS DU CLOÎTRE

Fragments trouvés
A.B.C.G dans les bâtiments claustraux.
D.E. au hameau de Curzaud
H dans l'ancien palais abbatial

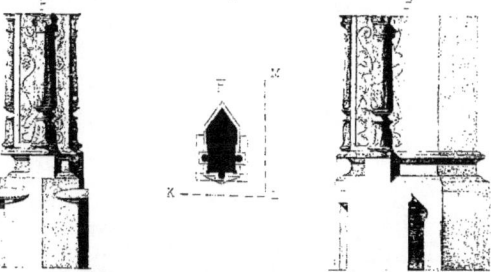

ABBAYE DES VAUX DE CERNAY

Fondée en 1128
par le connétable SIMON, *seigneur de Neaufle-le-Châtel, et* EVE *son épouse*

Pl. 8

FRAGMENTS DE TOMBE

Fig. 1, 2. Fragments de PIERRES TOMBALES, XVIIIe siècle.
Fig. 3. Fragment de la PIERRE qui recouvrit les restes de St-Thibaud.
Fig. 4. Fragment de PIERRE TOMBALE, XIIIe siècle.
Fig. 5.   —   —   XIVe siècle.
Fig. 6. CARREAUX VERNISSÉS paraissant avoir appartenu au chœur de l'église.
Fig. 7. CARREAU DE TERRE CUITE dans le grand escalier de l'ancien cloître.
Fig. 8. Fragment de PIERRE TOMBALE.
Fig. 9. TOMBE D'ABBÉ. Religieux de l'ordre des Citeaux, abbé de Fontaines (diocèse de Tours).

ABBAYE DES VAUX DE CERNAY

Fondée en 1128

par le connétable Simon, seigneur de Neaufle-le-Chatel, et Eve son épouse

Pl. 8

FRAGMENTS DE TOMBE

Fig. 1, 2. Fragments de pierres tombales, XVIIIe siècle.
Fig. 3. Fragment de la pierre qui recouvrit les restes de St-Thibaud.
Fig. 4. Fragment de pierre tombale, XIIIe siècle.
Fig. 5.   —   —   XIVe siècle.
Fig. 6. Chapiteaux vernissés paraissant avoir appartenu au chœur de l'église.
Fig. 7. Chapiteau de pierre carré dans le grand escalier de l'ancien cloître.
Fig. 8. Fragment de pierre tombale.
Fig. 9. Tombe d'abbé. Religieux de l'ordre des Citeaux, abbé de Fontaines (diocèse de Tours).

ABBAYE DES VAUX DE CERNAY Pl 8

FRAGMENTS DE TOMBES TROUVÉS:
dans le Palais abbatial, Fig 1, 2 et 3 ; dans les bâtiments claustraux, Fig. 4 et 5

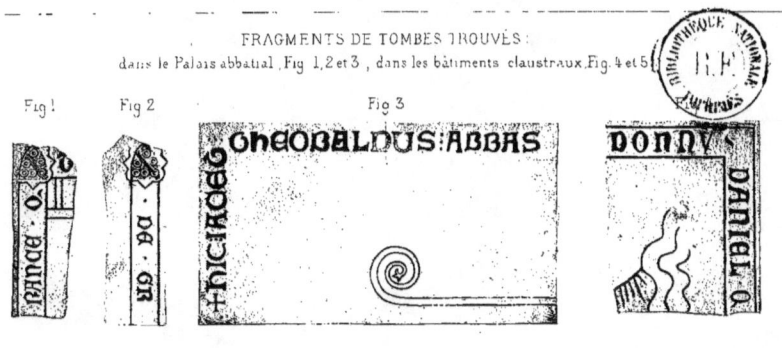

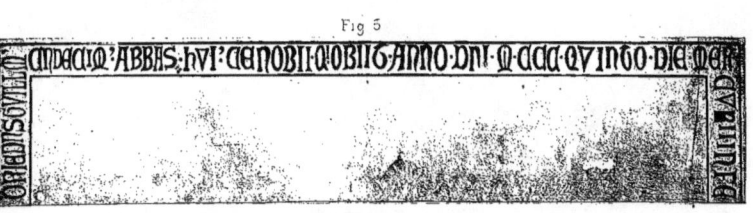

FRAGMENTS
de Carrelage Fig 6 et 7 ; de Tombe, Fig 8, trouvés dans les bâtiments claustraux

Fragment de tombe trouvé au village de Vies Eglise (S et O)

ABBAYE DES VAUX DE CERNAY
Fondée en 1128
par le connétable Simon, *seigneur de Neaufle-le-Châtel, et* Eve *son épouse*

Pl. 9

Fig. 1. Tombe de moine trouvée dans les bâtiments claustraux, XIIIe siècle.
Fig. 2. Tombe de Audry Lasne et de Simone son épouse, XVe siècle, trouvée au village de Viès-Eglise, (S.-et-O.).
Fig. 3. Tombe de Simon de Rupperfort, docteur en théologie, XIVe siècle, trouvée au château de M. le duc de Luynes, à Dampierre.

ABBAYE DES VAUX DE CERNAY

Fondée en 1128

par le connétable Simon, seigneur de Neaufle-le-Châtel, et Ève son épouse

———

Pl. 9

Fig. 1. Tombe de moine trouvée dans les bâtiments claustraux, xiiie siècle.
Fig. 2. Tombe de Audry Lasne et de Simone son épouse, xve siècle, trouvée au village de Vieux-Église, (S.-et-O.).
Fig. 3. Tombe de Simon de Ruppefort, docteur en théologie, xive siècle, trouvée au château de M. le duc de Luynes, à Dampierre.

ABBAYE DES VAUX DE CERNAY   Pl. 9

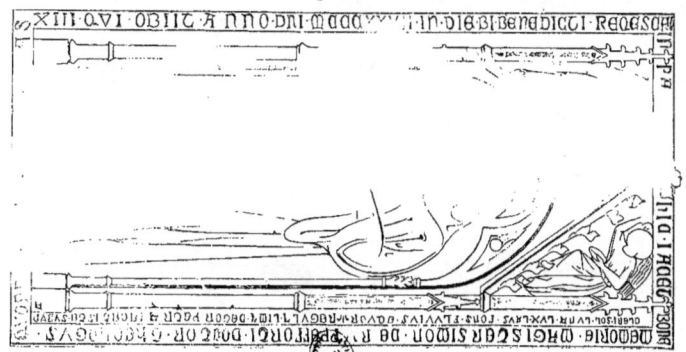

III

L'ABBAYE DE NOTRE-DAME-DU-VAL

8 Planches

NOTRE-DAME-DU-VAL

Nous poursuivons nos études sur les Abbayes de l'ancien diocèse de Paris, car nous croyons à leur utilité. Les travaux auxquels nous nous livrons sauvent d'un complet oubli des monuments qui rappellent un passé où la France, par de mémorables luttes et de pieuses institutions, préludait à la réalisation de son unité monarchique, religieuse et sociale. Ces monuments sont donc précieux à bien des titres ; et cependant, ils disparaissent chaque jour, ces témoins de tant d'évènements politiques et religieux. Ils excitent, il est vrai, à un haut degré les sympathies des archéologues, des artistes, des historiens, des hommes d'Etat, des pontifes, qui tous déplorent leur destruction, sans pouvoir néanmoins la conjurer.

Si ces œuvres de l'art et de la science de nos aïeux ne disparaissent pas complètement, l'industrie moderne s'en empare, les modifie toujours, les mutile souvent, et, dans peu d'années, ces monuments seront méconnaissables par suite des transformations que leur aura fait subir l'activité agricole et manufacturière.

Aussi présentons-nous au Salon le résultat de nos recherches sur l'abbaye de Notre-Dame-du-Val, l'une des plus intéressantes de l'ancien diocèse de Paris.

Nous avons déjà recueilli de nombreux documents sur ces monuments du moyen-âge. Tous ont été visités par nous, et plusieurs d'entre eux sont déjà dessinés. Il ne dépendra donc pas exclusivement de nous que cette œuvre, entreprise de notre propre mouvement ne s'achève : notre dévouement ne lui fera pas défaut ; mais si nous ne sommes encouragé, nous ne pourrons la poursuivre que dans la limite de nos propres ressources, et nous regrettons qu'elles soient si limitées. Quoi qu'il en advienne, nous serons toujours heureux de nous rappeler le bienveillant accueil fait aux précédentes études sur les abbayes de Maubuisson et des Vaux de Cernay par la Commission des monuments historiques, et les nombreux témoignages de sympathie qu'ont donnés à leur auteur de savants et illustres personnages (1).

---

(1) La Commission des monuments historiques a bien voulu nommer une sous-commission pour l'examen d'une proposition que nous avons eu l'honneur d'adresser à M. de Persigny, ministre de l'Intérieur, au sujet des Recherches archéologiques sur les abbayes de l'ancien diocèse de Paris. Cette sous-commission, composée de M. Mérimée, inspecteur général, de MM. le comte de Laborde et Leprevost, membres de l'Institut, et de M. Questel, architecte du palais de Versailles, s'est réunie, et a bien voulu nous entendre. Nous avons eu l'honneur de lui exposer l'ensemble de notre travail et le plan que nous nous proposions de suivre. Nous espérons que la Commission fera un rapport

Sur la rive gauche de l'Oise, entre les villages de Mériel et de l'Isle-Adam, dans une vallée profonde, coule de l'est à l'ouest un ruisseau appelé le *Vieux-Moûtier*. Cette vallée, creusée dans les terrains tertiaires du bassin parisien, présente un fait géologique curieux à constater. Les causes éloignées qui lui ont donné naissance ont laissé au nord une véritable falaise de plus de quarante mètres de hauteur, tandis qu'au midi la pente ascendante du sol est assez régulière depuis le talweg jusqu'au plateau qui sépare la vallée où coule le *Vieux-Moûtier*, du vallon où coule le ruisseau de Méry (1). C'est là, dans une immense solitude, au milieu des bois, que des moines fondèrent, il y a sept cents ans, une abbaye que ces religieux avaient dédiée à la vierge Mère de Dieu sous le nom de Notre-Dame-du-Val. Au plan général, Pl. 2, est annexé un fragment de carte indiquant la situation exacte de ce monastère, qui dépend

---

à M. le Ministre sur l'objet de notre lettre, et qu'elle voudra bien, par des instructions, ainsi qu'elle semblait vouloir le faire, guider nos recherches sur cet important sujet.

La Commission des monuments historiques, aujourd'hui dans les attributions du Ministre d'État, est composée de MM. Lenormant, président; Caristie, architecte, vice-président; P. Mérimée, inspecteur général, membre de l'Institut; de MM. Duban, architecte; le marquis de Pastoret, le comte de Laborde, le comte de Montalembert, Leprevost, membres de l'Institut; Varcollier, de Longpérier, Paul Lacroix, Alfred Blanche; de MM. Labrouste, Questel, architectes; de Contencin, de Mercey; M. Courmont, secrétaire.

(1) C'est dans la partie supérieure de cette falaise, et à peu de distance de l'abbaye, que sont situées les belles carrières où s'exploite la pierre connue sous le nom de roche de l'Abbaye du Val, si bien appréciée des constructeurs.

aujourd'hui de la commune de Mériel, arrondissement de Pontoise, département de Seine-et-Oise.

Comme pour les abbayes de Maubuisson et des Vaux de Cernay, nous avons rédigé cette notice, afin de compléter par des détails historiques et descriptifs cette troisième étude sur les abbayes de l'ancien diocèse de Paris. On nous permettra donc de citer les divers auteurs qui ont vu ce monastère, qui l'ont décrit, et nous compléterons à l'aide des monuments retrouvés et de nos propres recherches ce qu'il est intéressant de connaître sur l'abbaye de Notre-Dame-du-Val.

Nous empruntons à l'historien du diocèse de Paris les passages qui suivent sur l'origine et la fondation de ce monastère (1).

« L'ordre de Cîteaux a fourni au diocèse de Paris deux abbayes d'hommes, savoir : les Vaux de Sarnay ou de Sernay, et celle-ci; toutes les deux dans une profonde vallée, à dix ou douze lieues de Paris.

« Les écrivains de cet ordre assurent que la fondation du Val est de 1125, et que ce fut alors qu'une colonie de

---

(1) Jean Lebeuf, chanoine d'Auxerre, né à Auxerre en 1687. C'était l'un des hommes les plus savants dans les détails de l'histoire de France, et l'Académie des Inscriptions et Belles-Lettres le choisit, en 1740, pour remplacer Lancelot. Simple, modeste, économe, bienfaisant, quoique sans fortune et sans emploi lucratif, il trouva moyen de faire des legs pieux à divers établissements d'Auxerre. Il avait épargné sur ses besoins une somme de dix mille livres pour la fondation d'un lit dans l'hôpital des Incurables de Paris, à la nomination de sa famille. Il mourut le 10 avril 1760, après avoir rendu de grands services à l'histoire nationale par ses savantes recherches.

religieux tirée de l'abbaye de la Cour-Dieu, diocèse d'Orléans, vint habiter dans le lieu dit Vieux-Moûtier, qui est à l'extrémité de la gorge des montagnes qu'on voit en ce lieu, jusqu'à ce qu'Ansel de l'Isle-Adam les plaçât, en 1136, dans son propre fonds. Les premiers et principaux bienfaiteurs furent donc les seigneurs de Villiers-Adam et de l'Isle-Adam, auxquels il faut ajouter plusieurs seigneurs de Montmorency.

. . . .

« Le premier abbé tiré de la Cour-Dieu fut un nommé Thibaut.

. . . .

« En 1205, l'abbé Pierre fut puni pour avoir donné dans l'église la sépulture à un comte ; ce qui n'empêcha pas plus tard le monument de se remplir de tombeaux, malgré la règle de n'y point enterrer de séculiers.

« En 1233, lorsque l'on eut le malheur de laisser tomber un clou de la passion de Notre-Seigneur à l'abbaye de Saint-Denis, ce fut une femme des environs de l'abbaye du Val qui le ramassa et le donna à un moine de cette abbaye, où il fut gardé jusqu'à ce que la maison le rendit au monastère de Saint-Denis (1) ».

Dans sa longue existence, l'abbaye du Val reçut la visite de

---

(1) Félibien, Hist. de l'Abbaye de Saint-Denis, p. 229.

plusieurs rois. Philippe de Valois logea au Val en 1333, où il était le 20 mars, comme on le voit par des lettres d'Etat qui en sont datées. Il s'y trouvait encore le dernier jour de février 1338, le 10 et le 11 mars 1344. Le roi Charles V y logea également en 1366, selon des lettres signées de sa main.

En 1587, le roi Henri III donna l'abbaye du Val à Jean de la Barrière, qui en devint le quarante-sixième abbé, afin qu'elle fût unie au monastère des Feuillants de Paris, ce qui n'a été consommé que par Louis XIV, en 1646. L'historien du diocèse de Paris donne à ce sujet des détails que nous croyons devoir rapporter.

« Le roy Henry III, qui estimait la nouvelle congrégation, lui accorda cette abbaye en commende, afin que le revenu servît à l'entretien des religieux de cet ordre établis à Paris, rue Saint-Honoré; mais les troubles qui suivirent empêchèrent que ce don eût lieu jusqu'en 1611, que la mense abbatiale fut réunie à cette communauté par lettres-patentes du roy Louis XIII, du 4 juillet, et en conséquence d'une bulle de Paul V, de l'an 1614. Ce même prince y réunit la mense conventuelle par lettre du 14 décembre 1625, que Louis XIV confirma en juillet 1646.

« Quoique les revenus de cette abbaye appartinssent à la communauté de Saint-Bernard-des-Feuillants de Paris, et que les archives y aient été transportées, l'église et les lieux réguliers furent cependant entretenus, et l'abbaye desservie par un certain nombre de religieux sous la conduite d'un prieur. La maison des Feuillants se contenta d'accommoder l'église aux usages de l'ordre, en plaçant le chœur derrière l'autel, qui a été avancé dans la croisée; en même temps, le pavé, depuis le sanctuaire jusqu'au fond, a été exhaussé.

« Au portail de cette église, le centre du vitrage paraît être certainement du temps de la fondation; elle contenait plusieurs chapelles, dédiées à saint Michel, à saint Félix, à sainte Geneviève (1) ».

. . . .

A l'abbaye du Val comme à celles de Maubuisson et des Vaux de Cernay, l'église, le cloître et la salle du chapitre renfermaient de nombreuses sépultures. On y voyait des tombes d'abbés, d'évêques, de guerriers et d'officiers ayant eu charge à la cour. Plusieurs femmes illustres par leur naissance y avaient été inhumées. La plupart de ces personnages étaient bienfaiteurs de Notre-Dame-du-Val, et leurs tombeaux étaient remarquables par les sculptures ou les inscriptions.

Voici ce que dit l'abbé Lebeuf au sujet des sépultures que renfermait l'église :

« On voit un grand nombre de tombes et de sépultures dans cette église; elles sont presque toutes réunies dans la croisée devant le grand autel ou placées du côté méridional; et s'il n'est pas vrai de le dire de toutes, quelques-unes au moins ont été rapportées là de l'ancien sanctuaire et de l'ancien

---

(1) Lebeuf, Histoire du diocèse de Paris.

chœur. Une preuve évidente qu'on les a changées de situation est que celle de Charles de Villiers, évêque de Beauvais, et abbé de ce lieu, décédé en 1535, a le côté de la tête placé vers l'Orient, et celui des pieds vers le couchant, ce qui est contre l'ancien usage; aussi ne se trouve-t-elle plus devant le grand autel, qui est la place où cet évêque avait été inhumé.

. . . .

« Dans le même côté de la croisée sont élevées les tombes de marbre noir de plusieurs de la maison de Montmorency et des seigneurs de Villiers, et leurs statues couchées dessus. On y remarque principalement trois femmes de Charles de Montmorency, Marguerite de Beaujeu, Jeanne de Roussy et Pétronelle de Villiers... Jean de Villiers, seigneur chastelain de l'Isle-Adam, et prévost de Paris, fut aussi inhumé dans cette église, aussi bien que Marguerite de Montmorency, femme d'Antoine de Villiers, et lui, qui fut placé près d'elle. — Il y a aussi, dans le sanctuaire moderne de la même église, onze tombes transférées d'autres endroits de l'abbaye, dont quelques-unes sont en marbre noir.

« Celle qui est placée vis-à-vis le milieu de l'autel est d'Adam Gaillonnet, qui est décédé à Auxerre en 1412, dans le temps qu'on y tint une assemblée de tout le royaume, au sujet de la paix entre les maisons d'Orléans et de Bourgogne, sous Charles VI. »

Il y avait encore dans l'église d'autres tombes, dit l'abbé Lebeuf, entre autres, celle de Robert Saunier, archidiacre de

Caux, mort en 1299, et la tombe de Regnault de Gaillonnet, mort en 1412. Sous le cloître rebâti à la moderne étaient trois autres tombes d'une même famille représentant des seigneurs armés de toutes pièces, lesquels étaient deux Thibault de Valengoujart, morts en 1243 et 1248, et Girart de Valengoujart mort en 1272. L'abbé Lebeuf dit que ces tombes avaient été vues par M. Gaignières. Ajoutons que ce célèbre antiquaire a fait dessiner quelques-uns de ces monuments (1).

Il est regrettable que le savant abbé n'ait pas fait connaître toutes les tombes que renfermaient les lieux réguliers de Notre-Dame-du-Val, car il y avait encore, dans l'église, le cloître et la salle du chapitre, d'autres sépultures dont ne parle pas l'abbé Lebeuf, et que nos recherches et les fouilles pratiquées dans les décombres des bâtiments nous ont fait découvrir. Nous donnons ci-après les unes et les autres.

---

(1) François Roger de Gaignières, antiquaire, l'un des instituteurs du grand dauphin et des enfants de France, gouverneur des ville, château et principauté de Joinville, est mort rue de Sèvres, le 27 mars 1715, à l'âge de soixante-dix-sept ans. Il avait donné son cabinet au roi Louis XIV, par acte du 19 février 1712, moyennant 4.000 fr. de rente, et 20.000 fr. après sa mort.

La Bibliothèque Bodléienne, à Oxford, possède aujourd'hui plusieurs volumes de cette collection. Ces volumes contiennent un grand nombre de dessins, parmi lesquels on voit ceux de quelques-unes des tombes de l'abbaye du Val.

M. le baron de Guilhermy a de curieux renseignements sur ces volumes, qui ont déjà plusieurs fois occupé l'attention du Comité des arts et monuments, et qui ne pourraient être rendus à la France que par une décision du parlement d'Angleterre. Ajoutons qu'une notice pleine de faits intéressants vient d'être publiée par M. Guénebaut sur la célèbre collection Gaignières. (*Revue archéologique*, livraison d'avril 1853).

Ainsi, dans l'église étaient les tombes des personnages dont les noms suivent, et que nous transcrirons dans l'ordre chronologique de leur *trépassement* :

Thibault de Montmorency, moine de l'abbaye du Val, où il vivait en 1189.

Jean le Saunier. Sur une tombe, placée dans l'aile septentrionale, à côté du chœur, est un homme en robe longue, dont le capuchon est à manches courtes boutonnées, un chien sous ses pieds ; et aux côtés de sa tête se voient ses armoiries, qui sont deux aigles éployées en chef, une en pointe, et une fasce chargée de trois fleurs de lys. L'inscription est en ces termes :

> Icy gist mestre Jehan le Saunier, jadis trésorier de
> l'Eglise d'Avranche, qui trepassa l'an de grace........
> St Mathieu fils de feu......... Dex ait merci de l'ame
> de........ (1).

Robert Saunier. Cette tombe était proche le mur du sanctuaire au côté méridional ; la figure représente un diacre en dalmatique, à manches fermées, avec une aube garnie de plages, et le livre de l'Evangile sur la poitrine. C'est un nommé Robert Saunier, archidiacre de Caux dans l'église de Rouen, mort au mois de septembre 1299, qui était inhumé sous cette tombe. A ses pieds sont figurés deux chiens qui tiennent un os par les deux bouts (2).

---

(1) *Histoire du diocèse de Paris*, Lebeuf. Ce personnage est dessiné F. 57, tome 3 de la Collection Gaignières (Bibliothèque impériale).

(2) L'abbé Lebeuf, Hist. du diocèse de Paris.

GUILLEMIN LE SAULNIER ET SA FEMME. Ces deux personnages sont représentés sur une même tombe. Au pourtour on lisait l'inscription suivante :

> Ici gist...... feme de Guillemin le Saulnier de Montegni, jadis feme pierre de bounouville escuier qui trespassa l'an mil ccc xxix le jour de St Fabien et St Sébastien.

> Ici gist Guillemin dit le Saulnier escuier fix Monseigneur Pierre le Saulnier de Montigny en parisi qui trépassa en mil... (1).

MARGUERITE DE BEAUJEU, morte en 1336. Elle avait été la première femme de Charles, seigneur de Montmorency.

JEANNE DE ROUSSY, morte en 1361. Elle avait été la seconde femme de Charles, seigneur de Montmorency.

CHARLES, seigneur DE MONTMORENCY, maréchal de France, mort en 1381. Ce seigneur avait eu trois femmes : Marguerite de Beaujeu, Jeanne de Roussy et Péronnelle de Villiers.

PÉRONNELLE DE VILLIERS, troisième femme de Charles, seigneur de Montmorency, morte en.... Elle fut inhumée auprès de son premier mari, Charles de Montmorency, après s'être remariée à Guillaume d'Harcourt, chevalier, seigneur de La Ferté-Imbaut, mort en 1400, auquel elle survécut.

---

(1) Ces deux personnages sont dessinés feuilles 53 et 54 du tome 3 de la Collection Gaignières (Biblioth. impér.). Les inscriptions que nous donnons ici sont tirées du cabinet de M. Albert Lenoir, architecte, membre du Comité des arts et monuments.

Adam de Gaillonnet, chambellan du roi Charles VI, mort en 1412 (1).

Adam de Lisle, doyen, conseiller du roy Charles VII.

Nicolas de Villers, 31ᵉ abbé du Val, mort au quinzième siècle. La tombe de cet abbé était devant la chapelle Sainte Geneviève. Elle avait été faite du vivant de ce personnage (2).

Jeanne de Neelles, femme de Jacques de Villiers, morte en 1462 ou 1465. Elle était mère d'Antolne de Villiers.

Marguerite de Montmorency, première femme d'Antoine de Villiers, morte le 25 août 1504 (3).

Jacques de Villers, seigneur de l'Isle-Adam, mort en 1472. Ce seigneur était inhumé dans la chapelle Saint-Félix, du côté de l'épître (4).

Antoine de Villers, mort le 25 août 1504, fils de Jacques de Villers et de Jeannes de Neelles, et père de Charles de Villers, évêque de Beauvais. Antoine de Villers fut inhumé près de sa première femme, Marguerite de Montmorency (5).

Agnès du Moulin, seconde femme d'Antoine de Villers, et mère de Charles de Villers, évêque de Beauvais, morte en 14...... (6).

---

(1) Hist. de Charles VI, par Jean des Ursins.

(2) *Gallia Christiana*.

L'église du village de Nesle possède aujourd'hui la statue de Sainte Geneviève, provenant de l'abbaye du Val. Cette statue, que nous avons vue, n'offre rien de remarquable.

(3) P. Anselme.

(4) Montfaucon, Monum. de la Mon. franç.

(5) L'abbé Lebeuf, Hist. du dioc. de Paris.

(6) Moreri. M. Albert Lenoir, architecte, possède un dessin de la tombe d'Antoine de Villers et d'Agnès du Moulin, sa femme.

CHARLES DE VILLERS, évêque de Beauvais, mort en 1535.

GILBERT JEAN DE BELLENAVE et son frère JEAN DE BELLENAVE, tous deux abbés du Val, furent inhumés dans un même tombeau dans la chapelle Saint-Michel, à gauche du chœur. On y voyait leurs statues placées contre le mur et agenouillées devant une image de la Vierge (1).

HENRY DE GONDY, fils naturel de François de Gondy, abbé du Val, et abbé lui-même, reçut la sépulture dans l'église, sous la petite cloche.

Nous n'avons pas épuisé la série des tombes, car les voûtes du cloître protégeaient encore plusieurs sépultures, parmi lesquelles on remarquait celles de :

MATHIEU II DE MONTMORENCY, connétable de France. Ce seigneur « décéda le XXIV iour de novembre, l'an mil deux cent trente. Par son testament, il laissa entre autres choses cinq muids de bled de rente sur la grange d'Ecouen, pour estre panetez et distribuez aux pauures chacun iour de caresme par les chanoines de St Martin de Montmorency : légua quarante arpens de terre aux religieux du Menel, vingt arpens de bois aux chanoines réguliers du bois St Père et quarante arpens de bois à l'abbaye de Notre-Dame-du-Val, où il fut enterré comme tesmoigne sa statue qui s'y voit encore aujourd'hui relevée contre le mur du cloistre en la forme qu'elle y est icy représentée (2) » (Pl. 8, Fig. 4).

ODON DE LA QUEU, seigneur de Montceau, mort en 1233.

Il y avait encore trois autres tombes que M. Gaignières a vues autrefois sous le cloître : la première en entrant repré-

---

(1) *Gallia Christiana*.
(2) *Hist. des Montmorency*, André Duchesne, édit. de 1624.

sentait un homme armé de toutes pièces, ayant sur son épée son écu qui représentait une croix, et un lion à ses pieds. L'inscription est écrite en gothique capital :

> Ici gist messire Thibaut de Valengoujart chevalier, qui trepassa lan de grace nostre Seigneur M CCXLIII o mois de novembre. Priez pour lame de lui que Diex bone merci li face : amen (1).

Autre tombe placée le long de l'église, représentant un homme armé de toutes pièces comme ci-dessus, ayant une levrette à ses pieds. Autour est écrit en même gothique :

> Ici gist monseigneur Thibaut de Valengoujart qui trepassa lan M CCIII vint et VIII au mois de juignet. Priez pour lui (2).

La troisième tombe de pierre, qui était la seconde du cloître le long de l'église, en mêmes caractères et avec un lion aux pieds du mort, portait cette épitaphe :

> Icy gist messire Girard de Valengoujart jadis fiu messire Thibaud de Valengoujart chevalier qui trepassa lan de nostre Seigneur M CC III^{xx} et XII la veille de la S. Martin d'hiver. Priez pour lame de li (3).

---

(1) L'abbé Lebeuf, *Hist. du diocèse de Paris.*
(2) Ibid.
(3) Ibid.

Guy de Attenville, mort en 1297. Il enrichit le monastère de nombreuses dotations.

Devant le chapitre et toujours sous le cloître étaient les tombes gravées de :

Guillaume II, abbé. Il naquit à Pontoise, et mourut à l'abbaye en 1300 (1).

Pierre II de Bourny, abbé, mort en 1334. Il succéda à Guillaume II, et fut inhumé près de lui (2).

Jean Huger, abbé, mort en 1344. Cette tombe était proche la précédente (3).

Jean de Lisle, mort en 1394. Cette tombe était près de l'entrée de l'église.

Dans le chapitre était la tombe de :

Regnaut de Gaillonnet, seigneur de Gadencourt, mort en 1412 (4).

---

(1) *Gallia Christiana.*
(2) Ibid.
(3) Ibid.
(4) L'abbé Lebeuf. Cette tombe est dessinée dans la Collection Gaignières, dont les volumes sont en la possession de la bibliothèque Bodléienne, à Oxford. Nous l'avons vue dans un voyage que nous fîmes à cette célèbre université en 1851. Mais il faut le dire à regret, le dessin donne une idée inexacte de ce remarquable monument, dont les fragments ont été retrouvés au milieu des décombres de l'abbaye du Val.

Il y avait encore d'autres tombes dont l'emplacement nous est resté inconnu, entre autres, celles de :

Ansel de l'Isle-Adam, grand louvetier de France, premier bienfaiteur de l'abbaye du Val, mort en 1162.

Pierre, dit le Saunier de Montegni, qui trépassa l'an mil trois cent trente-huit.

Gasse de l'Isle-Adam, seigneur du Plessis de Launay, qui se trouva en l'ost de Bouvines, en 1340, mourut le 14 7bre 1345, et fut enterré au Val, où il fit quelques legs par son testament de la veille de Notre-Dame de septembre 1344 (1).

Ennor de Villiers, femme de Gasse de l'Isle Adam et fille de Adam de Villiers, dit le Bègue (2).

Jeanne de l'Isle-Adam, dame de Valmondois, vivait en 1341. Elle fut mariée à Mathieu III de Montmorency, seigneur de Marly (3).

Jeanne de Villiers, morte en......

Robert le Saulnier, mort en 1363, et son frère Guillaume, dit Flavacourt. Au pourtour de cette tombe était gravée l'inscription suivante :

> Ici gist mestre Robert le Saulnier, fils de Pierre dit
> le Saulnier, chevalier, chanoine de l'église de Notre

---

(1) P. Anselme. Il y a dans les dates rapportées par le P. Anselme une erreur que nous ne saurions expliquer, la bataille de Bouvines ayant eu lieu en 1214 et non en 1340, comme le rapporte le savant Augustin. — Collect. Gaignières, tome 3, Flle 51.

(2) P. Anselme. Collect. Gaignières, tome 3, Flle 52.

(3) P. Anselme. Collect. Gaignières, tome 2, Flle 18.

> Dame de Poissy, mort en 1363 le 22ᵉ jour de septembre, et Guillaume son frère dit Flavacourt esquier et doit avoir en ceste chapelle tous les jours messe de reqem p eulx et leurs parents.

AMBROYS DE VILLIERS, fils de Jacques de Villiers et de Jeanne de Ncelles, mort en 1503. Au pourtour était l'inscription suivante :

> Cy gist noble home Ambroys de Villiers en son vivant seigneur du Valengouiart, conseiller de monsr le duc de bourbonnais et d'auvergne son esculer d'écurie et maistre des eaues et forest de conté de Clermont qui trépassa le 22ᵉ jor du moys de décembre la mil V. c z trois priez Dieu pour son ame (1).

On voit combien étaient nombreuses les sépultures de l'abbaye de Notre-Dame-du-Val, et quels regrets leur destruction doit laisser aux amis de nos monuments historiques. Cependant, nous avons été assez heureux pour retrouver, soit dans les décombres de l'abbaye, soit dans les villages voisins, plusieurs de ces monuments. Nous les ferons connaître dans la partie descriptive de cette notice.

L'historien Lebeuf, auquel nous avons emprunté la plupart des détails qui précèdent, continue ainsi :

« Le cloître est rebâti à la moderne avec gros piliers carrés. Il est situé, ainsi que les autres lieux réguliers, au septentrion

---

(1) M. Albert Lenoir, architecte, possède les dessins des deux tombes dont nous donnons ici les inscriptions.

de l'église; le réfectoire est un petit carré; il est au-dessous du dortoir, qui est très-clair, avec piliers, ainsi qu'on en voit plusieurs exemples dans les autres dortoirs de l'ordre de Cîteaux, bâtis au xiiie et xive siècle. »

L'abbé Lebeuf rapporte qu'en passant dans ce dortoir, il a lu, au-dessus de la porte de l'une des cellules, ces mots écrits tout récemment :

« Sanctus Guido quintus abbas hujus domus, qui instituit pulsationem campanulæ in elevatione Hostiæ et Viatico. Obiit 1220. »

« Ce Gui, surnommé de Paré, était mort en 1206, continue l'historien; et ce fait serait curieux, s'il est véritable; mais peut-on compter sur l'auteur de cette inscription qui prolonge jusqu'en 1220 la vie de cet abbé mort en 1206 ? Quoi qu'il en soit, ce moine devint abbé général de Cîteaux, puis cardinal, légat apostolique, et enfin archevêque de Reims. »

Enfin l'abbé Lebeuf, qui probablement a séjourné à l'abbaye du Val, ajoute :

« Dans le jardin est une belle fontaine dont l'eau se joint au cours qui vient du fond, derrière l'enclos et du lieu dit le *Vieux-Moûtier*, et ces eaux font tourner un moulin dans la maison.

« Proche cette fontaine du jardin est la fontaine rousse minérale, qu'on dit être salée, ou plutôt ferrée. »

. . . . , ...

Il nous reste maintenant peu de chose à dire pour compléter

les précieux renseignements fournis par le chanoine académicien sur l'abbaye de Notre-Dame-du-Val.

Ainsi que nous l'avons déjà dit, l'abbaye fut donnée en commende, au 16e siècle, à Jean de la Barrière, supérieur de la communauté des Feuillants de Paris, et rien de remarquable, que nous sachions, n'est venu troubler la vie cénobitique des religieux de Notre-Dame, dont les derniers abbés commendataires furent les évêques de Bayeux, MMgrs de la Chateigneret (1716), Des Cars (1780), et de Bridelle (1789). La révolution française surprit ce dernier prélat sur son siège abbatial.

Par ses décrets des 19 et 20 janvier 1791, l'Assemblée nationale s'empara des biens du clergé, biens dont les donateurs, par leurs chartes de fondation, aux temps de foi naïve et profonde, avaient fait héritiers Dieu, le Christ et les moines (1).

Dans le mois de janvier 1791, au district de Pontoise et en présence des agents du gouvernement révolutionnaire, on procéda à la vente des *bâtiments, cour, enclos, moulin, prés, bois, d'une contenance de 400 arpents, formant la ci-devant abbaye du Val et ses dépendances.*

Ce domaine fut divisé et fut adjugé en deux lots : le premier lot échut à MM. Constant et Varlet, négociants à Paris ; le deuxième lot échut à M. Péan de Saint-Gilles, avocat, de Paris.

---

(1) Voir les chartes de l'abbaye des Vaux de Cernay, dans la notice publiée par l'auteur sur ce monastère.

Depuis cette époque jusqu'en 1824, cette terre a appartenu à M. le comte Regnault de Saint-Jean-d'Angély. En 1824, ce magnifique domaine fut divisé de nouveau et revendu : M. Lemans acheta le parc; M. Bure la ferme, l'enclos et les bâtiments des hôtes; les bâtiments claustraux, les terres et bois attenants furent achetés par M. Recappé, membre du Conseil général de Seine-et-Oise, qui les possède encore aujourd'hui.

Telle a été, depuis 1136 jusqu'à ces derniers temps, c'est-à-dire pendant une période de sept siècles, l'histoire de l'origine, du développement et de la fin de l'abbaye de Notre-Dame-du-Val (1).

(1) Lorsque le domaine de l'abbaye du Val passa aux mains de M. le comte Regnault de Saint-Jean-d'Angély, de nombreux travaux y furent exécutés sous la direction de M. le chevalier Alexandre Lenoir, fondateur du Musée des Monuments français. L'ancien réfectoire des religieux fut transformé en salons de réception et en chambre de maître; la décoration ogivale, telle qu'on la comprenait à cette époque, subsiste encore en partie, et sur les murs on y lit les mots de : *ma dame, fidélité, Dieu, la France, honneur, patrie, mon roi*, écrits en gothique moderne. La salle du chapitre et la sacristie furent convertis en orangerie; dans le bâtiment démoli, attenant autrefois au côté du cloître encore existant, étaient les salles à manger et le billard; sous les voûtes du bâtiment parallèle au réfectoire, des salles de bain, des cuisines, des offices furent établies; et le grand dortoir, où se voyaient encore à cette époque les cellules des moines, servit à loger les nombreux invités aux fêtes splendides données par M. le comte Regnault de Saint-Jean-d'Angély.

De grands travaux furent également exécutés au parc : les pièces d'eau furent améliorées, des îles, des ponts furent établis, et on l'orna de plusieurs statues, parmi lesquelles était la statue colossale élevée par le comte Regnault à l'empereur Napoléon Ier. Cette statue, placée au point culminant du parc, était en plâtre, et devait être exécutée en marbre de Carrare; mais les événements de 1814 ont empêché la réalisation de ce projet. Le piédestal subsiste encore. Non loin on voit aussi le socle, le fût et le chapiteau d'une

Pour compléter cette notice, il nous reste à faire connaître l'état général de l'abbaye en 1789, les bâtiments conservés, ceux qui ont été démolis, les monuments sculptés ou gravés que nous y avons retrouvés ; enfin, ceux qui, provenant de l'antique monastère, existent encore dans les villages voisins.

Malgré nos recherches, nous n'avons pu trouver un plan général de l'abbaye en 1789; mais par les constructions encore existantes et à l'aide de deux perspectives représentant l'ensemble de l'abbaye en 1707, et d'un procès-verbal de bornage des bâtiments et cours de l'abbaye, dressé en 1639 par Lebaigne, arpenteur de Villers-Adam, en présence des religieux dom Jean de Saint-Louis, dom Jean de Saint-Lazare et dom Martin de Saint-Robert, nous avons pu reconstituer le plan général du monastère et de ses dépendances tels qu'ils existaient avant 1789.

Les deux perspectives (Pl. 1), le plan général et sa légende (Pl. 2), le plan du rez-de-chaussée (Pl. 3, Fig. 1), celui

---

haute colonne de marbre, maintenant à terre, et autrefois élevée à l'Amité par M. le comte Regnault.

En 1809 M. le comte Regnault fit faire des fouilles sur le côté sud-est de l'ancien cloître, pour la construction d'une serre chaude. On trouva en cet endroit de nombreux ossements. C'étaient les restes des personnages inhumés sous cette partie du cloître, et dont nous avons fait connaître les noms. Ces restes furent placés dans un lieu spécial du jardin du bâtiment des hôtes : là devait être la sépulture de la famille de M. le Comte Regnault. Un jeune enfant y fut enterré ; mais depuis son corps a été transporté au cimetière de l'Isle-Adam.

C'est à la bienveillance de Mme la comtesse Regnault de Saint-Jean-d'Angély que nous devons les détails qui précèdent.

du premier étage (Pl. 3, Fig. 2), font apprécier les dispositions des bâtiments les uns par rapport aux autres, et la fonction de chacune de leurs pièces dans la vie monastique.

On y trouvait, soit au rez-de-chaussée, soit au premier étage :

Le cloître,
L'église,
La sacristie et sa chapelle,
La salle du chapitre,
Le réfectoire,
Le dortoir,
Le bâtiment des latrines,
. . . .
. . . .
Le palais abbatial et ses dépendances,
. . . .
Le lavoir,
Le cellier,
La glacière.
. . . .
. . . .
. . . .
Enfin, le cimetière.

En dehors des bâtiments claustraux, on y trouvait encore :

Le bâtiment des hôtes,

La ferme et ses dépendances,
Le colombier,
Le moulin et ses dépendances.

. . . .

. . . .

Parmi les bâtiments conservés, nous citerons celui situé à l'est de l'ancien cloître, et qui se compose d'un rez-de-chaussée avec premier étage; au-dessus est le comble (Pl. 4), (1).

Au rez-de-chaussée il existe quatre salles, séparées entre elles par des murs de refend; ces salles sont voûtées en ogive avec nervures soutenues par des colonnes isolées avec bases et chapiteaux à feuilles. Parmi ces salles, les plus remarquables sont celle du chapitre et le réfectoire; elles sont dans un parfait état de conservation, d'une forme sévère sans être cependant irréprochable. La salle du chapitre est éclairée sur le cloître par trois grandes portes en plein cintre, accolées de six colonnes coiffées de chapiteaux à feuilles droites portant une triple voussure à tore rond; les autres salles sont éclairées par des croisées, aussi en plein cintre. Ces salles sont les plus anciennes qui aient été conservées, car leur construction remonte à la seconde moitié du douzième siècle.

Au premier étage est situé l'ancien dortoir, curieuse cons-

---

(1) Ce comble, qui était en fort mauvais état, vient d'être réparé par les soins de M. Recappé. Il est regrettable que les entraits du comble reposent sur les voûtes du dortoir. Cette disposition vicieuse peut en compromettre la solidité. L'église de Saint-Leu d'Esserent offre un exemple fâcheux du résultat d'une semblable disposition.

truction de la fin du douzième siècle ; cette vaste salle, voûtée en ogives, est divisée en deux travées par neuf colonnes avec bases et chapiteaux à double rangée de feuilles ; elle est éclairée par un très-grand nombre de petites croisées, au-dessus desquelles sont des croisées plus grandes, mais en nombre moindre. La poussée des voûtes est équilibrée à l'extérieur par des contreforts qui, s'élevant du sol jusqu'à la corniche, donnent à ce bâtiment un remarquable caractère de gravité.

Contigu au pignon méridional du dortoir, où se voient encore les restes d'une décoration du dix-septième siècle, et, en retour vers l'ouest, était autrefois l'église. Sur ce lieu existait un monticule de fragments et de débris couverts de ronces, qui, aujourd'hui, a disparu en partie pour la construction d'un chemin que fait exécuter M. Récappé. Le déblai de ce monticule nous a mis à même de retrouver les murs de l'abside et quelques piliers formant le bas-côté méridional de l'église (Pl. 3 et 4).

Le bâtiment situé à l'ouest du cloître et parallèle au précédent, est double en profondeur ; il se compose de plusieurs salles basses voûtées en ogive. Quelques-unes de ces salles ont été restaurées au seizième siècle, ainsi que le prouvent plusieurs chapiteaux recevant la retombée des nervures ogivales. Ce bâtiment avait accès sur le cloître, sur le parterre qui précédait l'étang et sur les cours du logis abbatial ; il contient un escalier à noyau du treizième siècle et un fort beau vestibule reconstruit au dix-septième siècle. Le premier étage, qui n'a rien d'intéressant, a été converti en grenier à fourrage. Attenant à ce bâtiment sont les remises et le moulin (Pl. 3 et 4) (1).

Le bâtiment du dortoir et celui dont il vient d'être parlé étaient réunis par un autre bâtiment parallèle à l'église, construit au dix-septième siècle, et dont il ne reste plus que la galerie formant le côté septentrional du cloître. Quelques colonettes avec chapiteaux se voient encore dans les parties conservées des constructions élevées au treizième siècle (Pl. 3 et 4).

Vis-à-vis la ferme était le palais abbatial, élevé au quinzième siècle et flanqué de deux élégantes tourelles. Il ne reste de ce bâtiment que les substructions.

Au rez-de-chaussée du bâtiment contigu au palais abbatial est le lavoir des religieux, sur le cours du *Vieux Moûtier*, et au premier étage existe encore une galerie du quinzième siècle communiquant des bâtiments claustraux au palais abbatial (Pl. 3 et 4).

Sous la route qui passe devant les bâtiments dont il vient d'être parlé, est une galerie qui met en communication le lavoir avec le cellier et la glacière des religieux. Le cellier et la glacière ont été bâtis au treizième siècle, dans les excavations d'où furent extraits les matériaux des premières constructions de l'abbaye.

---

(1) De profondes modifications ont été apportées aux salles du rez-de-chaussée de ce bâtiment. Des voûtes peu solides, il est vrai, ont été démolies, et des murs de refend ont été construits pour les besoins de l'exploitation agricole que M. Récappé fils se propose d'établir à l'abbaye du Val.

A l'opposé, et vers l'abside de l'ancienne église, est une autre construction souterraine bâtie aussi au treizième siècle et offrant plusieurs chambres à l'intérieur.

Les bâtiments de la ferme sont sans intérêt et ont été pour la plupart reconstruits au dix-septième siècle.

Le bâtiment des hôtes subsiste encore, et malgré les nombreux changements opérés par les propriétaires successifs, on voit encore des voûtes avec nervures et des maçonneries remontant aux premiers temps du monastère.

Tels sont les bâtiments encore existants de l'abbaye de Notre-Dame-du-Val. (1).

Pour compléter cette description, il nous reste à faire connaître les fragments de sculpture, les statues, les pierres tombales que nous avons retrouvés, soit dans les bâtiments claustraux, soit dans les fouilles qui ont été pratiquées depuis que ce monument est l'objet de nos recherches.

Parmi les fragments que les fouilles ont mis à découvert,

(1) Un maçon devenu fameux par les nombreuses rues qu'il a percées, soit à Paris, soit à Batignolles, M. Puteau, acheta vers 1845 tous les bâtiments de l'abbaye (encore complets à cette époque) pour la somme de 40,000 fr. Ces bâtiments lui furent vendus comme *matériaux de démolition*, pour être utilisés aux bâtisses que M. Puteau faisait exécuter; mais la main-d'œuvre et le transport mettant ces matériaux à un prix plus élevé que ceux extraits des carrières des environs de Paris, M. Puteau cessa ce nouveau genre d'exploitation; néanmoins, trois des côtés du cloître, le palais abbatial et ses tourelles, ainsi que le bâtiment attenant et le grand comble du dortoir, disparurent dans cette œuvre de destruction. La maison qu'habite M. Puteau, à Batignolles, a été construite avec des matériaux provenant de l'antique monastère; le seuil de la porte d'entrée est formé d'un morceau de tombe sur lequel on lit encore le nom illustre de Montmorency.

nous citerons ceux d'un tombeau du treizième siècle et les bases encore en place du collatéral méridional de l'église (Pl. 5); et une curieuse statue de la Vierge, du quatorzième siècle, allaitant le Christ enfant. (Pl. 8). Outre ces fragments exposés, nous avons encore trouvé une inscription du quinzième siècle gravée en relief sur cuivre : ..... LE XVIe JOUR DE.....; un fragment de tombe sur lequel on lit : ..... RÉVÉREND PÈRE EN..... BERT JEHAN DE...... VIVANT CONSEILLER.....; une statue d'évêque du quinzième siècle (de 0,40 c. de hauteur) et une tête de moine sculptée avec beaucoup de sentiment. Les mêmes fouilles ont amené la découverte d'un cercueil en plomb renfermant un squelette humain; nous l'avons ouvert, mais aucun objet précieux ni aucun indice n'ont pu nous faire connaître quel personnage renfermait ce cercueil.

Nous avons été assez heureux pour retrouver, gisant çà et là au milieu des décombres, des fragments considérables des tombes qui peuplaient autrefois l'abbaye de Notre-Dame-du-Val. Parmi ces fragments, nous citerons ceux de la tombe de :

Regnault de Gaillonnet, représenté en chevalier, armé de toutes pièces, ayant une levrette sous ses pieds. Cette tombe est d'une grande pureté de dessin et d'une remarquable exécution. On lisait au pourtour de cette curieuse inscription gravée en caractères du temps (Pl. 7, fig. 3) :

> Cy gist noble home Regnault de Gaillonnet seigneur de Gadencourt pannetier notre sire et premier escuyer tranchant de madame blanche jadis duchesse d'Orléans, fille du roi Charles, fils du beau Philippe qui trespassa

à auxerre en la compagnie du Roy en revenant du voyage de bourges lan mil cccc et douze le xvie jour d'aoust : priez pour lame de li (1).

On nous permettra d'entrer dans quelques détails historiques sur les personnages dont parle cette inscription, car elle rappelle un des épisodes les plus intéressants de l'histoire nationale; mais disons un mot des fonctions de Regnault

---

(1) Nous regrettons que l'espace réservé aux travaux des architectes, dans les salles des Menus-Plaisirs, n'ait pas permis d'exposer les dessins des tombes de Regnault de Gaillonnet, de Marguerite de Beaujeu, de Jeanne de Roussy et de Pierre le Saunier, monuments dont il sera parlé ci-après.

Nous avons complété et rectifié l'inscription qui précède à l'aide de l'un des volumes de la Collection Gaignières, appartenant à la bibliothèque Bodléienne d'Oxford, où nous en avons pris une copie lors d'un voyage en Angleterre en 1851.

Le roi Charles, dont parle l'inscription de la tombe de Regnault, est Charles IV, fils de Philippe-le-Bel, qui monta sur le trône en 1322, et qui mourut en 1328, après s'être marié trois fois. Il épousa en dernières noces Jeanne, fille de Louis, comte d'Évreux, fils de Philippe-le-Hardi. Après la mort du roi Charles IV, Philippe VI de Valois, fils de Charles de Valois, deuxième fils de Philippe-le-Hardi et oncle de Charles IV, fut déclaré régent en attendant que Jeanne mit au monde l'enfant dont elle était enceinte. Elle accoucha d'une fille nommée Blanche, qui épousa, en 1325, Philippe, duc d'Orléans, deuxième fils de Philippe VI, devenu roi par la naissance de Blanche. Blanche survécut à son mari, et mourut, en 1392, à l'âge de soixante-cinq ans. « La duchesse d'Orléans, nommée Blanche, l'ancienne fille de feu Charles-le-Bel, fils de Philippe-le-Bel, alla de vie à trespassement... Et elle estoit de belle, honneste et saincte vie et grande ausmonerie en sa vie, distribuant aux pauvres tous ses biens meubles, tellement qu'on y trouva comme rien : le corps fut porté à Sainct-Denis, et y eut beau seruice des morts, auquel le Roy estoit présent, et faisoient le deuil les oncles du Roy et ceux du sang..... Et disoit on merveilles de biens d'elle. Et partout prières et oraisons se faisoient pour le salut de son ame. » Jean des Ursins, Hist. de Charles VI.)

de Gaillonnet. Voici ce que rapporte à ce sujet Jean des Ursins dans son *Histoire de Charles VI* :

« Par l'ordonnance de l'hostel du roy rendue au Louvre au mois de janvier, l'an mil trois cent quatre vingt et six, furent nommés Jean de Vincy, Sauuage de Jeucourt, Jean du Mor, Regnault de Gaillonnet : vn a cour de ces quatre pour servir la bouche par mois, les trois pannetiers dessus dits scruiront le Roy chacun trois mois, desquels l'un sera toujours à cour, seruira la salle, mangera emprès le sac pour faire liuraison et aura la cognoissance de toute la dépense qui sera pour panneterie, sans que austre s'en mêle que luy : et l'vn des autres pannetiers qui seront retenus serviront le Roy avec l'un des trois dessus dits..... et comme il leur sera commandé par un des maistres d'hostel qui serviront et mangeront tous en salle sans tenir chambre ne autre assiete en panneterie..... et n'auront point de *fourier,* mais un *varlet* qui les logera, qui n'aura point de commission de prise et prendra en fourier pour ses maîtres ce qu'il leur faudra ; ainsi pareillement des six autres offices. »

Ce curieux monument nous apprend aussi que Regnault de Gaillonnet accompagnait Charles VI dans le voyage qu'il fit à Bourges pour mettre fin aux guerres que se faisaient les ducs d'Orléans et de Bourgogne, et qu'il mourut en la compagnie du roi. Le lecteur nous saura gré de lui mettre sous les yeux le passage suivant, où sont consignées les principales circonstances de cette guerre. Les armées belligérantes sont devant Bourges, et le Laboureur, dans son *Histoire de Charles VI*, s'exprime ainsi :

« Nonobstant le bruit qui courait d'une prochaine paix, il ne fut pas possible de retenir les courages impatiens et impétueux des assiégeans. Ils firent un party avec les archers anglais, le douzième de juillet, pour aller brûler les moulins de la ville, et ils en vinrent à bout, malgré la résistance des assiégés qui ne furent pas plus heureux le lendemain qu'ils en voulurent prendre reuange par une grande sortye. Les archers anglais les repoussèrent bien viste avec perte de six vingt hommes tués en leur retraite dont les corps demeurez sans sépulture iusques à la levée du camp du Roy acheverent de corrompre l'air, déjà fort infecté de la puanteur des autres charognes qui estaient éparses de toutes parts. On ne respirait qu'une vilaine odeur qui empoisonnait le cœur et les parties nobles et qui causa des flux de ventre et autres maladies dont il périt en le mois icy et en l'autre deux mil chevaliers ou escuyers sans un grand nombre de malades. Tous ces morts étaient personnes de qualité et de réputation, et je remarquerai principalement messire Pierre, frère unique du Roy de Navarre, cousin de notre Roy, qui le regretta et le pleura fort tendrement....., messire Gilles, frère du duc de Bretagne, ieune seigneur de grande espérance et d'une inclination généreuse, dont la prudence dans la première fleur de ses ans et de son menton estoit admirée des plus sages et auquel on envioit point l'honneur qu'il auoit de gouverner et de conseiller le Prince fils aisné de France. De ce camp sortit la peste et l'épidémie qui se répandit par tout le royaume qui déserta quantité de belles maisons et des villes entières; et comme les médecins ne iugérent pas que ce mal vint tant de la corruption de l'air que de la communication des personnes infectées, ils conseillèrent de s'en éloigner et ne trouverent point de meilleur remede contre les amas d'humeurs qui causaient des aposthumes à la gorge, sous les aisselles ou dans les aisnes avec une fievre ardente, qu'une prompte saignée, qui put les dissiper.

« Cette horrible et cruelle contagion seruit beaucoup à faire la paix..... A peine se rendirent-ils au lieu désigné pour leur conférence hors de la ville et à peine se furent-ils entre regardez que le souvenir d'une union plus ancienne et plus longue qu'une querelle de peu de mois leur causa une généreuse émotion. Et la nature et le sang, faisant heureusement leur devoir, au lieu de donner la moindre marque d'inimitié ils se tendirent la main, s'embrassèrent et s'entrebaisèrent. Je sceus de quelques-uns qui furent présents à cette action que le duc de Berry fut le premier qui parla et qu'il tint ce discours au duc de Bourgogne : Je ne confesse pas sans larmes mon très cher neueu, que j'ay mal fait, mais je vous dirai avec le mesme regret que vous avez encore fait pis que moy ; il faut de part et d'autre que nous reconnaissions nos fautes afin que l'Estat n'en patisse plus et de lui rendre le calme que nous lui devons.

« Le traité de paix fut rédigé le 13 juillet 1412. Et pour mieux établir cette union le Roy rendit de son autorité tout ce qui avait été pris sur les princes là présents, pendant la guerre ; et leuant son siège de deuant Bourges il partit en ordre de bataille. Le Roy de Sicile commandait l'avant garde avec huit drapeaux ; le prevost de Paris avait la conduite de l'arrière garde et en cet appareil on vint à Auxerre où le Roy fut suivi du duc de Berry qui partit pour ce dessin le treizième du mesme mois. Mais il n'entra point en armes non plus que les ducs d'Orléans et de Bourbon qui arrivèrent peu de jours après. Les ducs de Guyenne et de Bourgogne leur furent au devant qui les conduisirent au Roy en grand honneur...... : des docteurs du corps de l'Université de Paris avec le prevost des marchands, les échevins, des députations des plus fameuses villes de France afin de rendre l'action plus solennelle. Par ordre du Roy, le iour fut pris aux vingt-deuxième iour d'aoust et le lieu choisi dans la grande Cour de Saint-Germain d'Auxerre laquelle fut parée et meublée de tapisseries de soie et d'étoffes de drap d'or à la mode d'une diète impériale.

(Suivent les 12 articles du traité de paix).

« Après lecture faite de ces articles par le secrétaire, le duc de Guyenne fit approcher lesdits seigneurs et leur fit mettre la main sur le texte des Evangiles, sur une portion de la vraie croix et sur les autres reliques de l'église cathédrale qu'on apporta entre lui et le Roy de Sicile et leur fit iurer l'un après l'autre de fidellement accomplir tout le contenu desdits articles. Et cela fait, et eux retournés en place le chancelier de Guyenne se levant dit à haute voix : Pour plus grande confirmation du Traité de Paix le Roy ordonne à tous les éclesiastiques icy presents de protester la main sur la conscience en foy et parole de prestre, d'agréer et de ratifier ce qui a été leu. Cela fait, aussitost, avec autant de sincérité et de franchise que d'obéissance : le Roy commande, adjouta-t-il, que tous les nobles et ignobles icy assemblez leuent la main au Ciel et qu'ils fassent le mesme serment : et à l'instant ceux qui estaient armés iettèrent leurs épées en terre, ils firent ce qui leur estait ordonné, et toute l'assemblée ravie de joie de cette paix, pria Dieu les larmes aux yeux, que quiconcque l'enfreindrait en quelque poinct, reçeuet un chatiment digne de la dernière trahison. Il ne se fit autre chose pour ce jour si non que l'on sonna toutes les cloches des églises de la ville et qu'on chanta solennellement le *Te Deum*, en la cathédrale ; où les Princes assistèrent à genoux et ensuite souperent ensemble avec la mesme réjouissance de ceux qui, après avoir esté perilleusement battus des flots et de la tempeste, surgissent a un port asseuré (1). »

Regnault de Gaillonnet fut témoin de cette solennelle réconciliation et mourut après des fatigues de la guerre. Son corps fut apporté à l'abbaye du Val, où il fut inhumé sous la tombe que nous avons retrouvée.

On nous pardonnera de nous être laissé entraîner aux détails qui précèdent, mais leur intérêt nous a semblé trop

---

(1) Hist. de Charles VI, par Le Laboureur.

réel pour que nous puissions nous permettre de les passer sous silence.

Nous avons encore retrouvé au premier étage et formant appuis de croisées deux fragments considérables de la tombe des deux premières femmes de Charles, seigneur de Montmorency : Marguerite de Beaujeu et Jeanne de Roussy. Elles étaient représentées couchées, revêtues d'un mantelet d'hermine; le visage et les mains étaient en marbre. Au pourtour et au-dessus de la tête des personnages est une décoration de style ogival d'un excellent goût (Pl. 7, fig. 2).

On lisait sur cette tombe les deux inscriptions suivantes, gravées en gothiques minuscules, que nous avons complétées d'après la *Gallia Christiana* :

> Icy gist madame Marguerite de Beaujeu, jadis femme de messire Charles de Montmorency, qui trepassa l'an mil trois cent trente six, la veille de la Tiphanie. Priez pour l'ame d'elle.

> Cy gist madame Jeanne de Roussy, jadis femme de monseigneur sire de Montmorency, qui trepassa le 10 jour de janvier mil ccc LXI. Priez Diez pour l'ame d'elle.

André Duchesne, dans son *Histoire de la Maison de Montmorency*, dit que « Charles de Montmorency épousa en 1330 Marguerite de Beaujeu, dame qui attouchait de sang aux plus puissantes et relevées familles du royaume... Les conventions de ce mariage furent faites du consentement et volonté du Roy Philippe de Valois, qui en faveur d'icelle donna deux mille liure parisis à Marguerite de Beaujeu par lettres du premier iour de iun l'an mille trois cent trente. Mais telle alliance n'apporta pas à Charles seigneur de Montmorency toutes les félicitez qu'il espérait en recueillir. Car elle mourut sans enfants de lui l'an mil trois cents trente six, la veille de la fête des Roys, appelée alors vulgairement la Tiphanie, et fut enterrée en l'église de Notre-Dame-du-Val devant le grand Autel soubs une tombe plate qui s'y voit encore. »

. . . .

André Duchesne ajoute que le 26 janvier mil trois cent quarante un, Charles de Montmorency se remaria avec Jeanne de Roussy, fille d'une illustre maison. Elle mourut pendant le voyage que fit en Angleterre Charles de Montmorency pour délivrer le Roy Jean fait prisonnier par les Anglais après la bataille de Poitiers en 1355.

Au seuil de l'une des portes du premier étage est encore un fragment de tombe sur lequel on lit :

XXJ. priez . pour . l'ame . de . lvi

Dans le jardin d'une petite habitation dépendant autrefois de l'abbaye, et appartenant aujourd'hui à M. Perdreaux, nous avons encore retrouvé plusieurs fragments de tombe ; ces fragments forment le couronnement du perron qui descend au jardin. Sur l'un d'eux nous avons pu lire :

l'an mil..... priez Dieu....... son ame.

Tels sont les débris des tombes existant autrefois à l'abbaye du Val, et que nous avons retrouvés gisant encore aujourd'hui dans les bâtiments claustraux.

Il nous reste à faire connaître le moulin dit d'En-haut, les monuments de l'église de Mériel et ceux que nous avons découverts dans ce village. Nous donnons (Pl. 5) un plan général qui indique la situation respective de l'abbaye, du moulin dit d'En-haut, de l'église et du village de Mériel.

Le moulin dit d'En-haut, situé sur le cours du Vieux-Moûtier, est à peu de distance de l'abbaye; on y arrive par un chemin profondément raviné. Les bâtiments élevés au quinzième siècle sont dans un parfait état de conservation. Il est regrettable que des restaurations faites à une époque peu éloignée n'aient pas conservé au pignon méridional et aux fenêtres adjacentes leur forme primitive; néanmoins, ces bâtiments offrent encore des parties sculptées avec beaucoup de délicatesse. Les élévations principales, le pignon septentrional et les détails de deux des fenêtres sont dessinés (Pl. 5).

Non loin du moulin sont l'église et le village de Mériel.

L'église de Mériel a reçu quelques dépouilles de la riche abbaye du Val. On y voit un lutrin, une chaire à prêcher, quatre stalles et quatre grandes dalles de marbre comprises dans le carrelage du chœur (1).

---

(1) C'est M. le baron de Guilhermy, conseiller référendaire à la Cour des Comptes, membre du Comité des Arts, qui a bien voulu nous signaler l'existence des monuments de l'église de Mériel.

Le lutrin en bois, sculpté au dix-huitième siècle, est décoré d'un aigle monté sur un pilier à chapiteau ionique. Il est sans intérêt.

La chaire présente trois panneaux sculptés de nervures semblables à des meneaux de fenêtres, et de plusieurs écussons effacés ; elle date au plus de la fin du quinzième siècle. Cette menuiserie d'art est d'un excellent goût et offre un véritable intérêt, car les chaires de style gothique sont rares aujourd'hui.

Les quatre stalles conservées donnent la meilleure idée de celles qui garnissaient autrefois le chœur de l'abbaye du Val : des marmousets grimacent aux accoudoirs, et sous les misericordes on voit :

Un griffon à tête d'homme, dont la pose et l'exécution sont bien senties ;

Une tête grotesque fondue dans un feuillage ;

Un écusson aux armes de France, gardé par deux griffons ; les fleurs de lis sont fines et charmantes ; enfin, au milieu d'un feuillage, un homme vu à mi-corps qui, écartant les bras, enfonce chaque main dans la bouche d'un cheval.

Ces divers monuments et leurs détails sont dessinés (Pl. 5).

Les quatre tombes en marbre noir, maintenant dans l'église de Mériel, portent toutes au pourtour des inscriptions en gothique : deux de ces inscriptions sont à découvert, les deux autres sont complètement cachées par le carrelage du sol (1).

---

(1) Pour connaître ces inscriptions cachées, nous avons fait une tranchée au pourtour

La tombe à droite, près du chœur (Pl. 6), est celle de Charles de Villiers de l'Isle-Adam, évêque de Beauvais. Elle était autrefois dans l'église de l'abbaye du Val avec la statue couchée de ce prélat, telle que nous l'avons dessinée (Pl. 8, Fig. 2) (1). Au pourtour de cette tombe était l'inscription suivante (Pl. 6-A) :

> Cy gist reuerend pre en Dieu messire Charles......
> en son viuat euesque et conte de Beauvays per de
> france abbé coman... des abbayes de ceans z de s Pierre
> les Chalon et seignr chastellain de lisle... z nogent sur
> oise qui trespassa le xxvi.ᵉ joʳ de septembre mil vᵉ
> xxxv pez dieu poʳ so ame.

Charles de Villiers avait été évêque de Limoges. Il donna toutes ses terres au connétable de Montmorency. Il était fils d'Antoine de Villiers, seigneur de l'Isle-Adam, et de Agnès du Moulin, qu'Antoine avait épousée en secondes noces, le 6 novembre 1480.

Charles de Villiers, évêque de Beauvais, prit possession de son siège en personne, le 29 mai 1530.

La tombe à gauche, près du chœur (Pl. 6), est celle de

---

de ces deux tombes, et nous avons acquis la certitude qu'elles recouvrent encore les ossements des personnages. Nous n'avons pu savoir à quelle époque avaient été faites l'exhumation de ces corps de l'abbaye du Val, et leur inhumation dans l'église de Mériel.

(1) L'original de ce dessin appartient à M. Albert Lenoir, architecte, qui a bien voulu nous le communiquer.

Robert d'Aunay, chambellan. Elle était aussi dans l'église de l'abbaye du Val avec la statue couchée du personnage, telle qu'elle est représentée (Pl. 8, Fig. 3) (1). Au pourtour on lit l'inscription suivante (Pl. 6-C) :

> Cy gist noble home messe Robert d'Aunay dit le Galoys chlr seignr Douriuille conseillr et chambellan du roy nrēs qui trespassa le XXIe jour de novembre l'an mil cccc et quartorse priez Dieu pour luy.

La tombe immédiatement au-dessous de la précédente (Pl. 8, Fig. 5) est celle de Charles de Montmorency, et de Péronnelle de Villiers sa troisième femme. Elle était autrefois dans le bras méridional du transsept de l'église de l'abbaye du Val, avec les statues couchées de ces deux personnages. Au pourtour on lit encore l'inscription suivante gravée sur le chanfrein de la table de marbre portant jadis les statues (Pl. 6-B) :

> Ci gist ma dame Peronnelle de Villirs dame de Montmorēcy qui trespassa lan de grace mil......, priez pour elle q̄ dieu pardon lui face. Ci gist mes Charles segnr de Montmorency qui trespassa le XIe jour de septembre l'an de grace mil ccc quatre vingt et un priez pour luy q̄ dieu pardon lui face.

Nous empruntons à un vieil historien les détails qui suivent

---

(1) L'original de ce dessin appartient à M. Albert Lenoir, architecte.

sur Charles de Montmorency. Ils nous paraissent assez intéressants pour trouver place dans cette courte monographie :

« Peu de temps après, le roy Philippe qui avait succédé à Charles le Bel conféra à Charles de Montmorency la charge de grand pannetier de France, vacante par la mort de Bouchard de Montmorency. Ce qui l'obligea à servir d'autant plus fidèlement et vertueusement le roy contre Édouard III, roy d'Angleterre. Ce prince étranger ayant assiégé la ville de Tournay, en 1340, le sire de Montmorency fut un des grands barons de France qui se dévouèrent généreusement pour la défense du pays. Tellement que comme une troupe d'ennemis l'eut surpris de nuit au pont de Crescy, il aima mieux combattre avec le péril de la vie, en acquérant la louange de vaillant chevalier, que de pourvoir à son salut par la fuite, ainsi que le fit quelques autres auxquels l'histoire reproche le mépris de leur honneur. Et d'autant qu'il se trouva inférieur en nombre d'hommes, non pas en courage, après s'être longuement et bravement défendu soubs sa bannière, et fut contraint de demeurer prisonnier de Raoul d'Escouvenost. Mais les treuves accordées en suite, par l'entremise de Jeanne de Valois, sœur du roy Philippe et mère du comte de Hainaut, le firent sortir incontinent hors de prison.

. . . .

« Le roy Philippe le nomma mareschal de France, honneur qui lui donna plus de moyen et de courage de s'opposer aux ennemis du roy. » Il commanda avec Robert, seigneur de Saint-Venant, en 1344, l'armée que le duc de Normandie mena en Bretagne au secours du duc Charles de Chastillon, son cousin, pour défendre les villes de Vannes et de Nantes, assiégées par Edouard d'Angleterre, qui fut repoussé. Il fit encore la guerre de Gascogne contre le comte de Derby. Mais avant que de partir, Charles confirma à l'église et aux chanoines de Saint-Martin de Montmorency, les donations que leur avaient faites son « chier seigneur et aiol, monseigneur Matiev, sire de Montmorency, et sa chère et amée belle tante, damoiselle Aalez, suer de son très-chier seigneur et père, afin de célébrer leurs anniversaires. » Dans cette guerre (1345), il prit successivement aux Anglais les villes de Miremond, Villefranche, Angoulesme et Tonnins. Il poursuivit les Anglais jusques à Crécy, près d'Abbeville, où le roy Philippe perdit la bataille qu'il livra en personne. « Charles de Montmorency combattit constamment aux côtés du roy, et fut l'un des cinq barons qu'il l'accompagnaient dans sa retraite au château de Broyes, après que le sort des armes l'eut privé de l'honneur de la victoire. *En recognoissance de quoi Sa Majesté le fit coucher en l'estat de sa maison pour l'un de ses chambellans, qui estoit lors un office de très-grande splendeur, n'y en n'ayant que huit nommés en cet ordre dans un ancien registre de l'argenterie.* Le roy Philippe nomma, en 1348, le mareschal Charles de Montmorency gouverneur de la province de Picardie, sous le titre de capitaine général, de par Sa Majesté sur les frontières de Flandre et de la mer, et en toute la langue picarde. Il livra en 1349 une bataille contre Oudard de Renty, qu'il gagna. »

Il exerça les mêmes dignités sous le roi Jean, fils de Philippe. Après la bataille de Poitiers, ce roi fut fait prisonnier et conduit en Angleterre. Ce fut à cette époque (1355) que les « Jacquiers de Beauvoisis et les Anglois de la garnison de Creil destruisirent, pillèrent et bruslèrent entièrement le chateau de Montmorency, lequel n'a point été rebasti depuis. » Il conclut le traité de Bretigny (1360) et le fit jurer à Louviers au prince de Galles. Il alla en Angleterre tenir otage pour la délivrance du roi Jean avec les ducs Louis d'Anjou, Jean duc de Berry, Philippe duc d'Orléans, le duc de Bourbon et duc d'Alençon. Ce fut en son absence que mourut Jeanne de Roussy. Elle fut enterrée près de Marguerite de Beaujeu, sa première femme. Il vendit son hôtel situé rue de Montmorency, pour subvenir aux nécessités de sa captivité. « Et d'ailleurs il s'obligea avec les ducs d'Orléans, d'Anjou et de Berry, au paiement de deux cent mille florins pour la rançon du roy, qui sont tous témoignages d'une affection singulière envers son prince légitime. Après la mort du roi Jean, arrivée en 1364, il entra dans les conseils du roy Charles V, son fils. Ce fut alors que le désir de perpétuer son nom le fit résoudre à prendre une troisième alliance de mariage avec Perronnelle de Villers, fille aisnée d'Adam de Villers, chevalier, seigneur de Villers-le-Sec et Vitry en Brie, et de la Tour-Chaumont en Vexin. »

« L'an mil trois cent soixante huit, au mois de may, Charles, nouveau mary de cette dame, bailla aduou de sa baronnerie au roy, et incontinent après receut de luy un honneur non pareil. Car Dieu ayant donné à Sa Majesté un dauphin pour le second fruit de son mariage, au lieu d'aller chercher des compères dans les maisons souveraines de l'Europe, elle choisit ce seigneur entre plusieurs roys et princes, pour tenir au baptême et lui imposer son nom...... Il accompagna Bertrand du Guesclin dans une entrevue qu'il eut avec le roy de Navarre, afin d'engager ce dernier à rendre visite au roy de France à Péronne. Il fit de nombreuses donnations à l'église Saint-Martin de Montmorency ; mais enfin, après avoir tenu sa baronnerie de Montmorency cinquante-six ans ou environ, avoir fait esclater sa générosité et son courage, et le bonheur de sa conduite en diverses provinces de France, il mourut chargé d'onneur et d'années, l'unzième jour de septembre, l'an mil trois cent quatre-vingt un. Son corps fut enterré en l'église de Nostre-Dame-du-Val, où Perronnelle de Villers, sa veuve, lui fit élever la sépulture que l'on voit encore à présent, décorée de leurs deux statues, telles qu'elles sont icy représentées, avec trois petits escussons soutenus par des anges. Toutes fois, on peut douter si cette dame gist avec son mary, attendu que le temps de son décès n'est remply en l'inscription (1). » (Pl. 6-D).

Immédiatement au-dessous de la tombe de l'évêque de Beauvais et à droite de celle de Charles de Montmorency,

---

(1) André Duchesne. *Hist. généal. de la maison de Montmorency*. Nous possédons l'un de ces anges, retrouvé dans le grenier de M. Gobet, à Mériel.

est la tombe de Jacques de Villers et de Jehane de Neelles, sa femme. Malgré nos recherches nous n'avons pu trouver un dessin qui nous fît voir ce monument tel qu'il existait autrefois dans l'église de l'abbaye. Au pourtour, on lit encore sur la table de marbre l'inscription suivante (Pl. 6-D) :

> Cy gist damoiselle Jehane de Neelle jadis femme de jacques de Villers seigneur chastellain de lisle adam conseillr et chambellan du roy n̄re se et prevost de paris laquelle t̄spassa lan mil CCCC LXV le VIe jour du mois de décembre priez dieu p̄ elle et q̄ pardon luy face. Cy gist noble home jacques de Villrs seignr chastellain de l'Isle Adam de Nogent sur Oise et Vaumandois consiller chambellan du roy n̄re se et prevost de paris qui trespassa le xxve jour d'avril jour sainct marc lan mil ccccLXXI. priez Dieu pour luy et q pardon lui face.

Jacques de Villers, seigneur de Villers, était conseiller et chambellan du roi, sénéchal de Bourgogne, garde de la prévôté de Paris ; il mourut le 25 avril de l'an 1471, laissant de son mariage avec Jeanne de Neelles, qui mourut le 6 décembre 1465, plusieurs enfants, entre autres Antoine de Villers, père de Charles de Villers, évêque de Beauvais, et dont la tombe est l'une des quatre dont nous avons parlé. Jacques de Villers avait été nommé prévost de Paris par Charles VII, lors de son entrée solennelle en cette ville, charge dont il prit possession le 1er septembre 1461 ; il fut destitué peu de temps après et remplacé par Robert d'Estouteville.

On voit par les détails dans lesquels nous sommes entré quels précieux monuments de sculpture renfermait l'abbaye du Val, et combien l'anéantissement de ces œuvres d'art doit exciter de regrets.

Il nous reste maintenant à faire connaître les tombes découvertes au village de Mériel et ayant appartenu à l'abbaye.

Dans le cellier de M. Bance, cultivateur, nous avons retrouvé deux fragments assez considérables d'une tombe représentant un guerrier vêtu de sa cotte, l'épée au côté et portant un écu fleurdelisé avec trois aiglons (Pl. 7, Fig. 1). Au pourtour de cette pierre, on lisait autrefois l'inscription suivante, que nous avons complétée :

> Ici gist mons. r. pierre dit le Savnier du Montegni . an . parisi . iadis . chevalier . mestre . de . lostel . madame . la . Reyne . Climence . sire . dv . brueil . en . vesgressin . qui . trespassa . lan . de . grace . mil . ccc : xxx . viii . le . jour . de . la St-Nicolas : diver : priez : pour . ame . de . li (1).

Chez M. Cousin, tisserand, et formant le foyer de sa cheminée de cuisine, nous avons retrouvé une tombe entière; elle est celle de la femme de Pierre, dit Le Saunier, cité plus haut.

---

(1) La reine Climence, dont parle cette inscription, était fille de Charles Martel, roi de Hongrie, morte en 1328, et seconde femme de Louis X dit le Hutin. La première femme de Louis X, Marguerite de Bourgogne, prévenue d'adultère, mourut, en 1313, au château Gaillard, où elle était détenue.

Au pourtour, on lit l'inscription suivante, presque effacée en plusieurs endroits, et que nous avons complétée :

>Ci . gist . madame . marie . fame . iadis . Pierres . le .
>Savnier . chevalier . seigneur . de . Berval . an . p̄tie .
>qui . trpassa. lan . de . lincarnaciv . nostre segnour .
>M . ccc . xxix . le . mardi . avant . la . s . ādre . apos-
>tre . pēs . q . Dicx . ait . lame . de . Li .

Chez madame Goriot, aubergiste, nous avons trouvé un reliquaire provenant de l'abbaye du Val. Ce reliquaire de l'époque moderne est avec enroulements en carton doré, dans un beau cadre à fleurs du dix-septième siècle; il contient des ossements portant les noms de sainte Constance, de saint Clément, de saint Théodore, de saint Martin, de saint Firmin, et une dent de saint Jean-Baptiste. Nous avons extrait de ce reliquaire deux sceaux brisés en cire blanche, lesquels ont été réunis. L'un d'eux représente un personnage nimbé tenant de la main droite l'hostie environnée d'une gloire, et de la main gauche une palme dans la hauteur de laquelle sont trois couronnes. Au pourtour est une inscription à peu près illisible, et à la partie inférieure on y lit :

>INNOC . YII
>P . M . A . I

Sur le revers est figuré l'Agneau, aussi nimbé, reposant sur le livre des Sept Sceaux, et tenant une croix à l'extrémité de laquelle est une bannière. Au pourtour de ce revers on lit :

ECCE . AGN . DEI . QVI . TOL . PECC . MVNDI

Et au-dessous :

INNOC . XII . P . M . A . I

La face de l'autre sceau représente la Vierge Marie la tête recouverte d'un voile et nimbée, et allaitant l'enfant Jésus. Au pourtour on lit encore :

BEATA.... QVAE . LACTAVERUNT

Et au-dessous :

ROMA

Le revers de ce sceau est semblable au revers du sceau précédent, et porte la même inscription, sauf à la partie inférieure, où on lit :

CLEMENS . XI
PONT . M . A . I
1701

Si ces sceaux, que nous avons dessinés (Pl. 8, Fig. 6 et 7), constatent l'authenticité de ces vénérables reliques, ce monument est certainement le plus précieux que nous ayons retrouvé (1).

Enfin, chez Mme Louette, nous avons retrouvé une statue de la Vierge d'un mètre de hauteur, travail médiocre d'un artiste du seizième siècle (2).

Nous terminons ici cette notice. Beaucoup de faits curieux, relatifs à l'abbaye de Notre-Dame-du-Val, restent encore à consigner ; mais un plus grand développement nous ferait sortir du cadre que nous nous sommes tracé. Notre but sera atteint si, par les dessins et la notice qui les explique, nous avons pu appeler, sur l'abbaye de Notre-Dame-du-Val, la sollicitude du Gouvernement et des hommes considérables qui composent la Commission des monuments historiques et le Comité des arts, dont la mission est de conserver ou de recueillir les choses qui intéressent le glorieux passé de notre patrie (3).

HÉRARD.

Paris, 15 juin 1853.

---

(1) Ce reliquaire est maintenant en la possession de M. le curé de l'Isle-Adam, auquel nous l'avons signalé.

(2) M. le curé de l'Isle-Adam a encore recueilli ce monument.

(3) La section d'Archéologie du Comité de l'histoire, de la langue et des arts de la France, siégeant au Ministère de l'Instruction publique, est composée de M. le marquis de Lagrange, président ; MM. Barre, graveur ; le comte de Bastard, Depaulis, graveur ; le baron de Guilhermy, le comte de Laborde, de l'Institut ; Lassus, architecte ; de la Saussaye, de l'Institut ; Albert Lenoir, architecte ; P. Mérimée, de l'Institut ; Romieu, Denjoy, conseillers d'État ; de Niewkerke, directeur des Musées ; de Saulcy, de l'Institut ; Vincent, de l'Institut ; et M. de la Villegille, secrétaire.

ABBAYE DE NOTRE-DAME-DU-VAL

Planches

ABBAYE DE NOTRE-DAME-DU-VAL

Fondée en 1136 par Ansel de l'Isle-Adam, *Grand-Louvetier de France
sous le roi Louis VI dit le Gros*

Pl. 1

VUES PERPECTIVES DE L'ABBAYE EN 1807
d'après un dessin du temps.

ABBAYE DE NOTRE-DAME-DU-VAL

Fondée en 1136 par Ansel de L'Isle-Adam, Grand-Panetier de France sous le roi Louis VI dit le Gros

---

Pl. 1

VUES PERSPECTIVES DE L'ABBAYE EN 1807
d'après un dessin du temps.

ABBAYE DE NOTRE DAME DU VAL

Pl. 1

Fondée en 1136 par Ansel de l'Isle-Adam

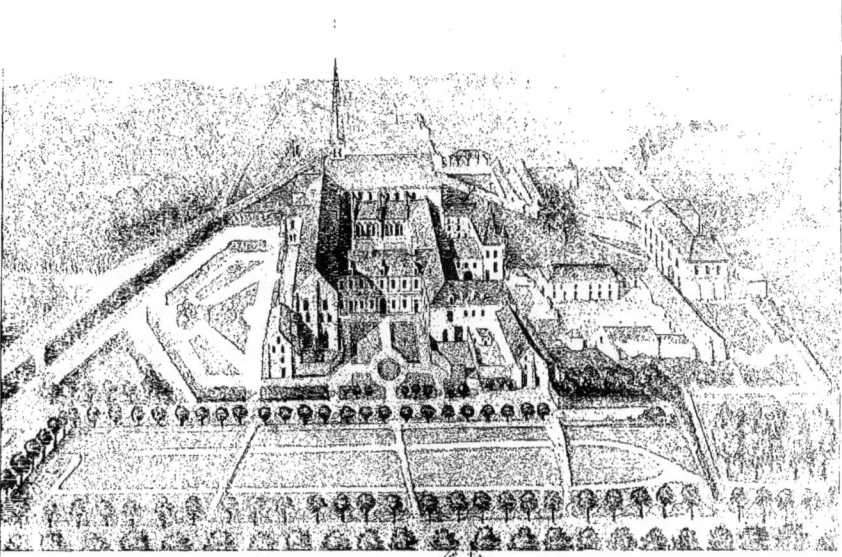

Vues perspectives de l'Abbaye en 1707

ABBAYE DE NOTRE-DAME-DU-VAL

Fondée en 1136 par Ansel de l'Isle-Adam, Grand-Louvetier de France sous le roi Louis VI dit le Gros

Pl. 2

PLAN GÉNÉRAL DE L'ABBAYE DE NOTRE-DAME-DU-VAL EN 1789

Légende :

1. Le cloître.
2. L'église.
3. La sacristie et sa chapelle.
4. Le Palais abbatial et ses dépendances.
5. Passage souterrain.
6. Le cellier.
7. La glacière.
8. Le colombier.
9. Le bâtiment des hôtes.
10. La cave.
11. Le bâtiment de la ferme.
12. Le moulin et ses dépendances.
13. Le cimetière.

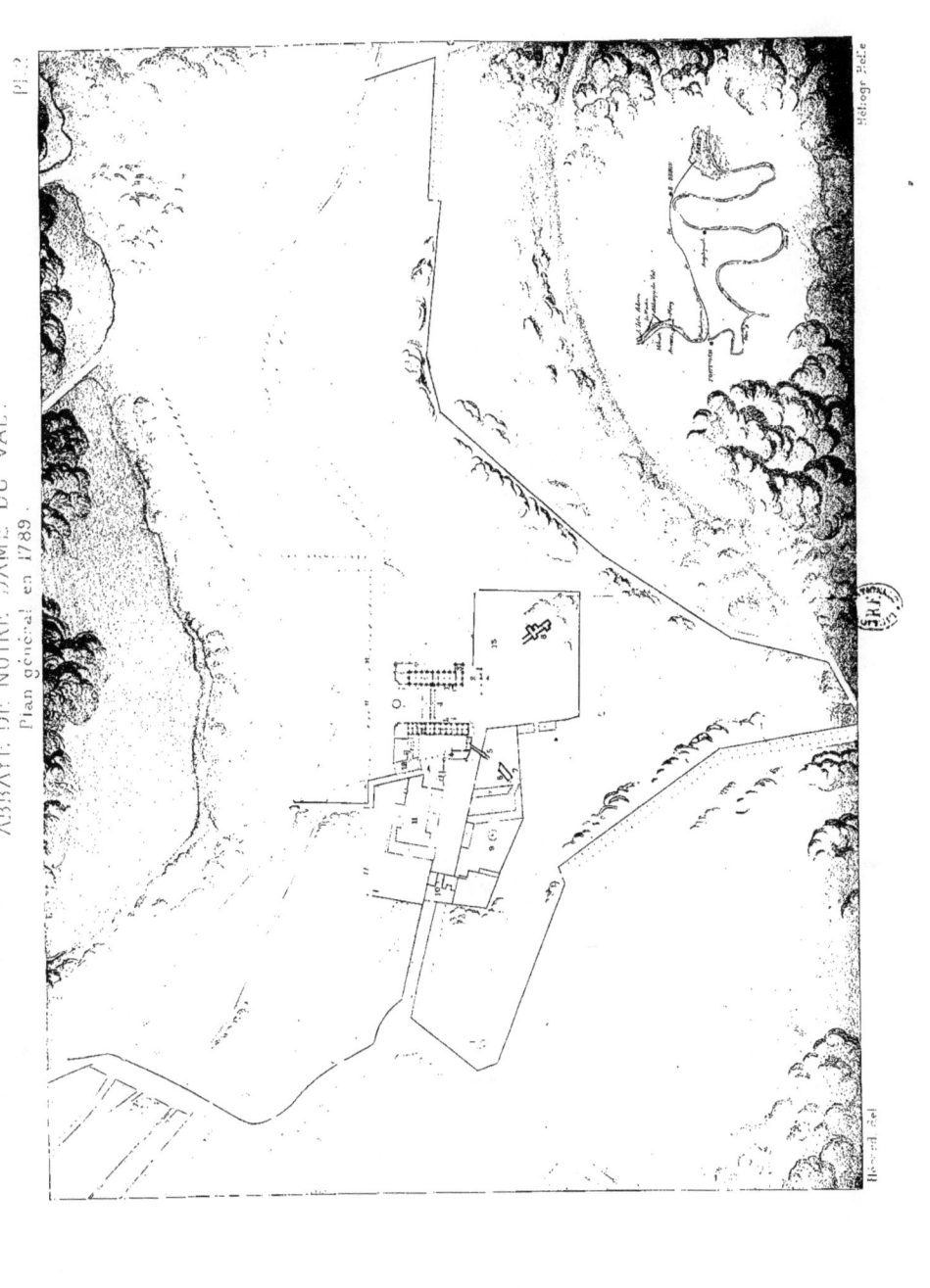

ABBAYE DE NOTRE DAME DU VAL.
Plan général en 1789.

ABBAYE DE NOTRE-DAME-DU-VAL

Fondée en 1136 par Ansel de l'Isle-Adam, *Grand-Louvetier de France sous le roi Louis VI dit le Gros*

Pl. 3

Fig. 1, Plan du rez-de-chaussée. Fig. 2, Plan du Ier étage

Légende :

P, P Palais abbatial.
C Cour du palais.
C' Cour d'entrée du monastère.
E Eglise.
F Sacristie.
F' Chapelle de la sacristie.
D Salle du chapitre.
H Passage.
I Réfectoire des religieux.
J, J Cloître.

L Bâtiment des Latrines.
O Lavoir.
D, D' Dortoir des religieux.
G Galerie.
A Ferme.
M Moulin.
M' Dépendances du moulin.
R Cimetière.
K', L, M" N'........ ?

ABBAYE DE NOTRE-DAME-DU-VAL.

Fondée en 1136 par Anser de l'Isle-Adam, Grand-Louvetier de France
sous le roi Louis VI dit le Gros

Pl. 5

Fig. 1, Plan du rez-de-chaussée. Fig. 2, Plan du 1er étage.

Légende :

P, P' Palais abbatial.
C Cour du palais.
C' Cour d'entrée du monastère.
E Église.
F Sacristie.
F' Chapelle de la sacristie.
D Salle du chapitre.
H Passage.
I Réfectoire des religieux.
J, J Cloître.

L Dortoirs des Latrines.
O Lavoir.
D, D' Dortoir des religieux.
G Galerie.
A Ferme.
M Moulin.
M' Dépendances du moulin.
R Cimetière.
K, L, M, N........

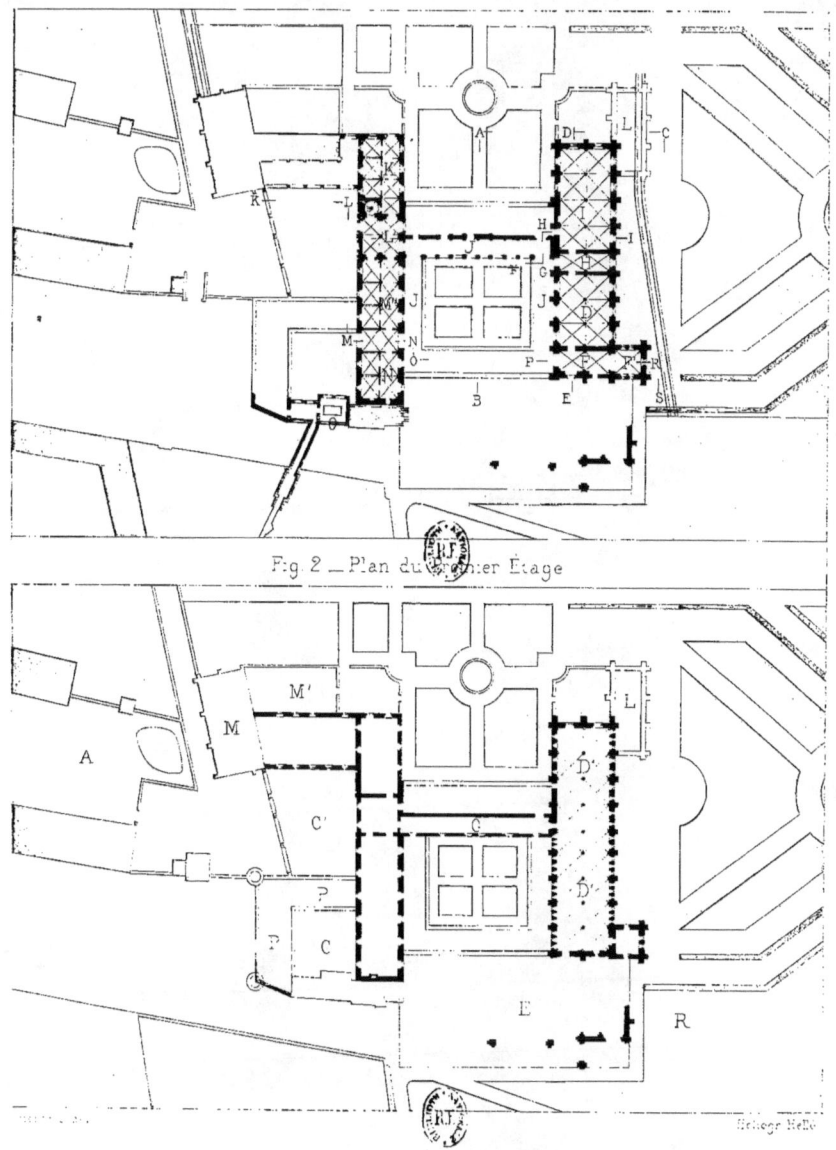

Fig. 1 — Plan du Rez-de-Chaussée.

Fig. 2 — Plan du Premier Étage.

ABBAYE DE NOTRE-DAME-DU-VAL

Fondée en 1136 par Ansel de l'Isle-Adam, *Grand-Louvetier de France sous le roi Louis VI dit le Gros*

Pl. 4

BATIMENTS CLAUSTRAUX

Coupes AC, AB, FGHI, DE, SC (voir pl. 3). Rez-de-chaussée, salle du chapitre, réfectoire, 1ᵉʳ étage, dortoir.
Coupe LMNOPR, moulin, cloitre, chapelle (voir pl. 3).
Coupe perspective PR, chapelle et sacristie (voir pl. 3).

ABBAYE DE NOTRE-DAME-DU-VAL

Fondée en 1136 par Ansel de L'Isle-Adam, Grand-Louvetier de France
sous le roi Louis VI dit le Gros

Pl. 4

BATIMENTS CLAUSTRAUX

Coupes AC, AB, FGHI, DE, SC (voir pl. 5), Rez-de-chaussée, salle du
   chapitre, réfectoire, 1ᵉʳ étage, dortoir.
Coupe LMNOPR, moulin, cloître, chapelle (voir pl. 5).
Coupe perspective PR, chapelle et sacristie (voir pl. 3).

ABBAYE DE NOTRE DAME DU VAL　　Pl. 4

BATIMENTS CLAUSTRAUX

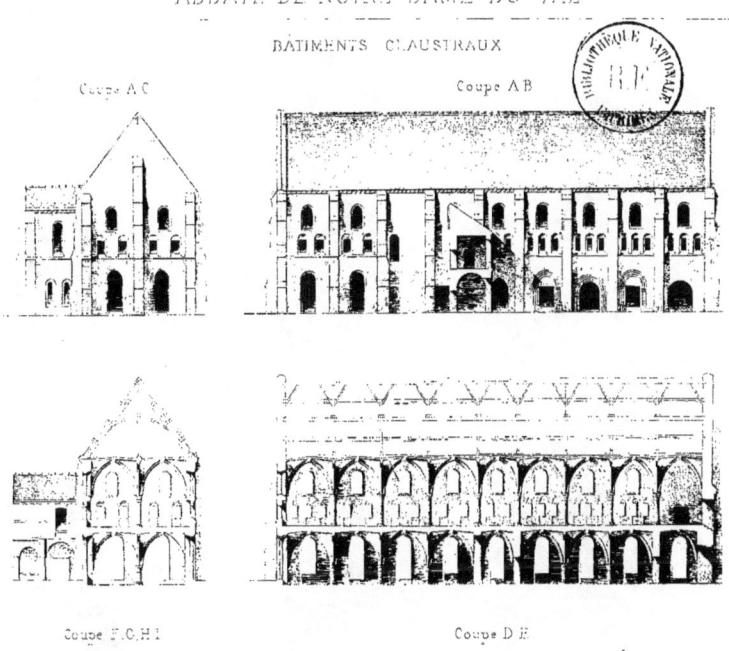

Coupe A.C.　　Coupe A.B.

Coupe F.G.H.I.　　Coupe D.E.

Moulin　　Cloître　　Chapelle

Coupe L.M.N.O.P.R.

Coupe perspective P.R.　　Coupe S.C.

ABBAYE DE NOTRE-DAME-DU-VAL

Fondée en 1136 par Ansel de l'Isle-Adam, *Grand-Louvetier de France sous le roi Louis VI dit le Gros*

Pl. 5

FRAGMENTS RETROUVÉS DANS LES FOUILLES

Chapiteaux et bases de la salle du chapitre. Tête sculptée au-dessus de la porte du chapitre. Bases du collatéral mériodional de l'église. Chapiteau, base et console du dortoir. Galerie au-dessus du lavoir. Fragments de tombeaux.
Moulin d'en haut. — Plan comprenant l'emplacement du Moulin, de l'église et du village de Mériel. Moulin, coupes DA, AB, BC. Détail des fenêtres du Moulin, xv° siècle.

ABBAYE DE NOTRE-DAME-DU-VAL

Fondée en 1136 par Anseau de l'Isle-Adam, Grand-Louvetier de France
sous le roi Louis VI dit le Gros

Pl. 5

FRAGMENTS RETROUVÉS DANS LES FOUILLES

Chapiteaux et bases de la salle du chapitre. Tête sculptée au-dessus de la porte du chapitre. Bases du collatéral méridional de l'église. Chapiteau, base et console du dortoir. Gâble au-dessus du lavoir. Fragments de tombeaux.

Moulin d'en haut. — Plan comprenant l'emplacement du Moulin, de l'église et du village de Mériel. Moulin, coupes DA, AB, BC. Détail des fenêtres du Moulin, XV⁰ siècle.

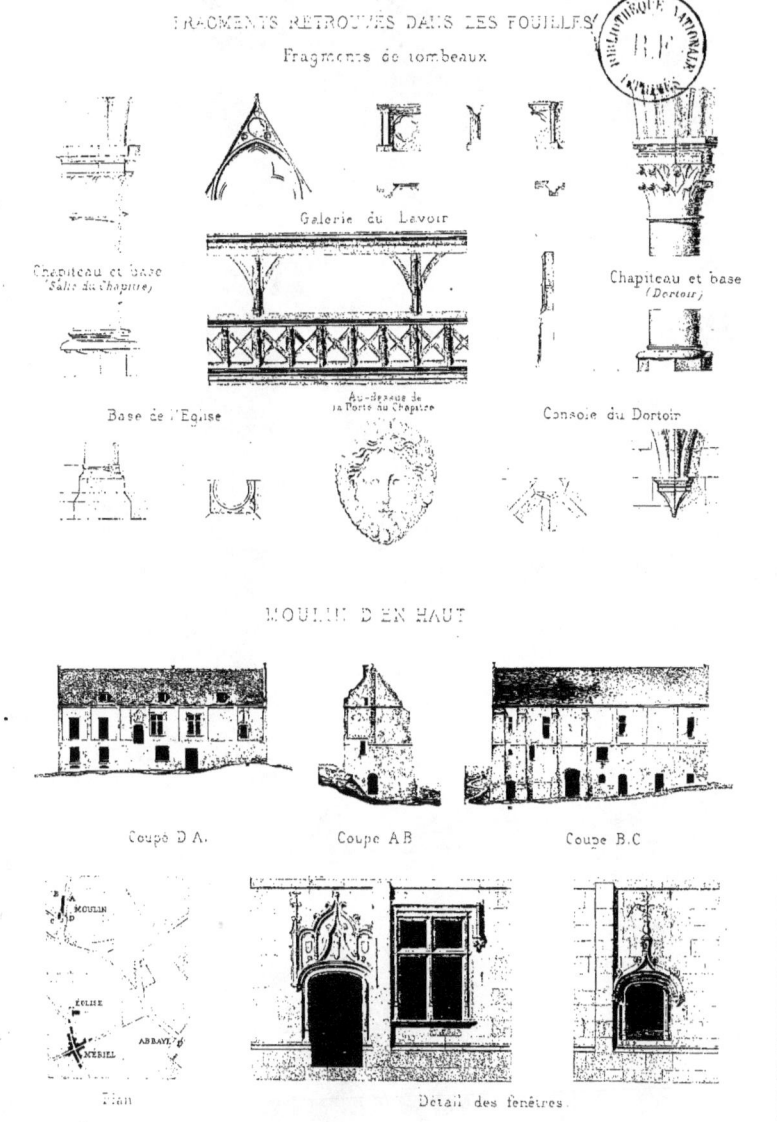

ABBAYE DE NOTRE-DAME-DU-VAL

Fondée en 1136 par ANSEL DE L'ISLE-ADAM, *Grand-Louvetier de France
sous le roi Louis VI dit le Gros*

Pl. 6

STALLES DANS LE CHŒUR DE L'ABBAYE. — 1, Elévation; 2, Plans; 3, Détails aux accoudoirs et sous les miséricordes.
CHAIRE A PRÊCHER, — 4, élévations et plan; 5, porte; 6, panneaux XVe siècle.
EPITAPHES.
A. de messire Charles... évêque et comte de Beauvais qui trépassa le 26 septembre 1535.
B. de dame Péronnelle de Villiers, dame de Montmorency, et de Charles, seigneur de Montmorency, qui trépassa le 11 septembre 1381.
C. de Robert d'Aunay dit le Gallois qui trépassa le 21 novembre 1414.
D. de damoiselle Jehanne de Neelle, femme de Jacques de Villiers, qui trépassa le 6 décembre 1465, et de Jacques de Villiers, qui trépassa le 25 avril 1471.
EGLISE DE MÉRIEL. — Emplacement des tombes A, B, C, D.
TOMBE de Charles de Villiers autrefois dans l'église de l'abbaye. ANGE du tombeau de Charles de Montmorency.

ABBAYE DE NOTRE-DAME-DU-VAL

Fondée en 1136 par Anseau de l'Isle-Adam, Grand-Louvetier de France
sous le roi Louis VI dit le Gros

Pl. 6

STALLES DANS LE CHŒUR DE L'ABBAYE. — 1, Élévation; 2, Plans; 3, Détails aux accoudoirs et sous les miséricordes.

CHAIRE A PRÊCHER. — 4, élévations et plan; 5, porte; 6, panneaux xve siècle.

ÉPITAPHES.

A, de messire Charles... évêque et comte de Beauvais qui trépassa le 26 septembre 1555.

B, de dame Péronnelle de Villiers, dame de Montmorency, et de Charles, seigneur de Montmorency, qui trépassa le 11 septembre 1381.

C, de Robert d'Aunay dit le Callois qui trépassa le 21 novembre 1414.

D, de damoiselle Jehanne de Neelle, femme de Jacques de Villiers, qui trépassa le 6 décembre 1465, et de Jacques de Villiers, qui trépassa le 25 avril 1472.

ÉGLISE DE MÉRIEL. — Emplacement des tombes A, B, C, D. Tombe de Charles de Villiers autrefois dans l'église de l'abbaye, Axce du tombeau de Charles de Montmorency.

ABBAYE DE NOTRE DAME DU VAL

STALLES DANS LE CHŒUR DE L'ABBAYE

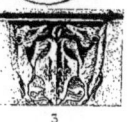

Chaire à Prêcher

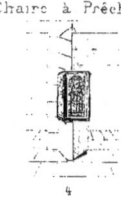

ÉPITAPHES

A — Tombe de Charles de Villers

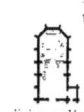

Ange du tombeau de Ch. de Montmorency

ABBAYE DE NOTRE-DAME-DU-VAL

Fondée en 1136 par Ansel de l'Isle-Adam, *Grand-Louvetier de France sous le roi Louis VI dit le Gros*

Pl. 7

FRAGMENTS DE TOMBES RETROUVÉS DANS L'ABBAYE

Fig. 1. Pierre tombale de Pierre dit le Saunier de Monteigni, trouvée au village de Mériel, xive siècle.

Fig. 2. Pierre tombale de Marguerite de Beaujeu et de Jehanne de Roussy, 1re et 2e femme de Charles de Montmorency, trouvée dans les bâtiments claustraux, xive siècle.

Fig. 3. Pierre tombale de Regnault de Guillonnet, trouvée dans les bâtiments claustraux, xve siècle.

ABBAYE DE NOTRE-DAME-DU-VAL

Fondée en 1136 par Ansel de L'Isle-Adam, Grand-Connétable de France
sous le roi Louis VI dit le Gros

Pl. 7

FRAGMENTS DE TOMBES RETROUVÉS DANS L'ABBAYE

Fig. 1. Pierre tombale de Pierre, dit le Strabe, de Nantolet, trouvée au village de Mériel, XIVe siècle.

Fig. 2. Pierre tombale de Marguerite de Baugeu et de Jehanne de Poussy, nièces de Charles de Montmorency, trouvée dans les bâtiments claustraux, XIVe siècle.

Fig. 3. Pierre tombale de Regnault de Guillomet, trouvée dans les bâtiments claustraux, XVe siècle.

ABBAYE DE NOTRE DAME DU VAL — Pl. 7

FRAGMENTS DE TOMBES RETROUVÉS DANS L'ABBAYE

Fig 1 – Pierre tombale de Pierre du Saulnier de Montegni

Fig 2 – Pierre tombale de Marguerite de Beaujeu et de Jeanne

Fig 3 – Pierre tombale de Regnault de Gaillonnet

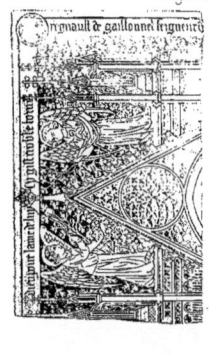
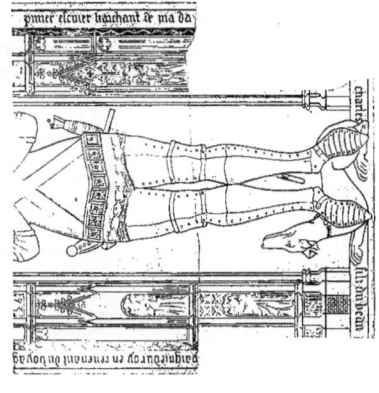

ABBAYE DE NOTRE-DAME-DU-VAL

Fondée en 1136 par Ansel de l'Isle-Adam, *Grand-Louvetier de France sous le roi Louis VI dit le Gros*

Pl. 8

FRAGMENTS TROUVÉS DANS L'ÉGLISE ET LE CLOÎTRE DE L'ABBAYE ET AU VILLAGE DE MÉRIEL

Fig. 1. Statue de la Vierge allaitant le Christ enfant, trouvée dans les fouilles pratiquées dans l'abbaye (xive siècle).

Fig. 2. Tombe de Charles de Villiers de l'Isle-Adam, évêque et comte de Beauvais (xvie siècle). Eglise de Mériel.

Fig. 3. Tombe de Robert d'Aunay (xve siècle). Eglise de Mériel.

Fig. 4. Tombe de Mathieu II de Montmorency, connétable de France, xiiie siècle ; dans le cloître de l'abbaye.

Fig. 5. Tombe de Charles de Montmorency et de Péronnelle de Villiers, sa 3e femme (xive siècle). Eglise de Mériel.

Fig. 6 et 7. Sceaux en cire extrait d'un reliquaire provenant de l'abbaye du Val. Retrouvé au village de Mériel.

ABBAYE DE NOTRE DAME DU VAL — Pl. 8

FRAGMENTS TROUVÉS DANS L'ÉGLISE ET LE CLOÎTRE.

IV

L'ABBAYE

DE

PORT-ROYAL-DES-CHAMPS

4 Planches

PORT-ROYAL-DES-CHAMPS

Lorsqu'en 1857, époque à laquelle furent admis au Salon, sous les n°s 3428, les dessins de Port-Royal-des-Champs, nous avions réuni une partie des éléments d'une notice que nous nous proposions de publier, expliquant nos études sur cette célèbre communauté, ainsi que cela a été fait pour les abbayes de Maubuisson, des Vaux-de-Cernay et de Notre-Dame-du-Val; nous ne pûmes réaliser notre projet, obligé par devoir de consacrer tous nos instants à la vie active des chantiers et à l'accomplissement de missions judiciaires (1). A ces causes vinrent s'ajouter les néfastes années de 1870 et 71 pendant lesquelles notre chère France fut si cruellement éprouvée. Aujourd'hui nous revoyons ces lieux agrestes, ce

---

(1) Les édifices scolaires des rues Servan, de Passy, de Vandrezanne et Eblé où plus de 2,000 enfants sont instruits, ont été par nous construits pour la ville de Paris : MM. le baron Haussman, Léon Say et Calmon étant alors Préfets de la Seine.

qui reste de l'église et des autres édifices ; nous relisons les épitaphes et les inscriptions des tombes ; nous complétons ainsi nos recherches sur la célèbre abbaye, et nous offrons cette notice sur Port-Royal-des-Champs aux nombreux amis de nos gloires littéraires et artistiques et de nos souvenirs historiques.

Nous espérons faire ainsi connaître et apprécier des monuments épars, souvent ignorés, et qui rappellent des personnages illustres par leur science et leurs vertus.

A la limite occidentale de l'ancien diocèse de Paris, dans le bassin de l'Ivette, coule une petite rivière alimentée par les eaux des bois de Trappe et des étangs du Ménil-Saint-Denis. C'est sur ce petit cours d'eau, non loin de la route qui conduit de Versailles à Chevreuse, qu'autrefois était l'abbaye de Port-Royal. Cette route traverse d'abord, à la sortie de Versailles, les bois qui formaient autrefois le parc de Louis XIV ; puis elle s'élève, par des rampes escarpées, jusqu'au plateau qui domine Saint-Cyr et d'où la vue s'étend sur les jardins, les étangs et le palais du grand roi. Bientôt toutes ces magnificences du passé disparaissent : une vaste plaine triste et monotone les remplace ; quelques rares villages, à toits de chaume habités par une population qui se montre rarement, villages que l'on croirait abandonnés, ajoutent encore à l'impression profonde que produit cette immense solitude.

Après deux heures de marche, le paysage change tout à coup : des forêts bornent l'horizon, et vous vous trouvez en face d'une vallée étroite : là, une vieille route ravinée, pavée de blocs anguleux, descend par une pente rapide à des ruines qui évoquent un passé célèbre : c'est ce qui reste de Port-Royal-des-Champs.

Nous avons dessiné, feuille 2, un fragment de carte indiquant ce lieu et les villages environnants. Nous résumons, par quelques emprunts faits à divers auteurs, l'origine, le développement et la fin de cette célèbre maison (1).

L'abbaye de Port-Royal doit son établissement aux pieuses libéralités des seigneurs et dames de Marly, près de Saint-Germain-en-Laye. Mathieu Ier d'Attichi, seigneur de Marly, à son départ pour la Terre-Sainte, laissa à Mathilde de Garlande, son épouse, des sommes considérables pour être employées en œuvres de piété. Mathilde ayant pris l'avis d'Odon de Sulli, évêque de Paris, crut qu'elle n'en pouvait faire un meilleur usage qu'en fondant un monastère. Dans ce desscin, en 1204, elle acheta le fief de Porrois où existait déjà une chapelle sous l'invocation de Saint-Laurent. Elle jeta les premiers fondements d'une maison de filles de l'ordre des Citeaux, maison qu'elle dota de quinze livres de rente sur Meulan, et de dix-huit muids de blé, aussi de rente, sur le moulin de Galardon.

---

(1) L'abbé Lebeuf : *Histoire du diocèse de Paris* ; Racine : *Histoire de Port-Royal* ; Nécrologe de Port-Royal ; Manuel des Pèlerins de Port-Royal-des-Champs ; Fontaine : *Mémoires pour servir à l'histoire de Port-Royal-des-Champs* ; *Histoire de Port-Royal*, par dom Clemencet ; Grégoire : *les Ruines de Port-Royal* ; *Histoire de Port-Royal*, par Sainte-Beuve ; *Mémoires chronologiques sur Port-Royal*, par Guilbert, etc., etc.

Presque aussitôt, Payen d'Orsigni ou d'Ursines, avec sa femme et ses enfants, ajouta à cette nouvelle fondation une terre située au même lieu que Port-Royal ; et, dès le mois d'août de la même année, 1204, on y vit une église ou chapelle, qui portait le nom de Notre-Dame-de-Porrois.

Mais ce ne fut qu'en 1207 que l'on bâtit les lieux réguliers, et ils ne commencèrent à être habités que l'année suivante. La même année, Simon le Grand, comte de Montfort, augmenta cette fondation d'un muid de blé de rente en sa grange de Meri, et céda en sa forêt d'Iveline tout le bois vif pour bâtir et le bois mort pour brûler, avec quelques autres droits. Garlande, Bouchard Ier et Mathieu II, ses fils, firent encore de grands dons à l'abbaye (1).

Bouchard l'enrichit de la terre de Chaignai et d'une rente considérable sur le moulin de Noisy, et Mathieu II ajouta, du consentement de Mathilde de Châteaufort, sa femme, dix livres de rente sur la prévôté de Marly, avec une maison, un moulin, des prés et des terres qu'il possédait à Aulnai ; puis Mathilde et ses deux fils sollicitèrent auprès des abbés de Citeaux, de Savigni et des Vaux-de-Cernay l'érection du nouveau monastère en abbaye. Dès le mois de décembre 1214, Pierre de Nemours, successeur d'Odon de Sulli dans le siège épiscopal de Paris, affectionna Port-Royal. Il fit un accord avec le curé de Magny, à qui l'on paya cent sols

---

(1) Pierre, abbé de Vaux-de-Cernay, a écrit l'histoire de Simon de Montfort. (Voir nos *Recherches archéologiques* sur l'abbaye des Vaux-de-Cernay).

parisis de dédommagement pour les droits paroissiaux qu'il aurait pu prétendre, et accorda au monastère le droit de paroisse. Au mois de mars suivant de l'année 1214, le même prélat y fit une visite en personne ; et voyant qu'il y avait un fonds suffisant pour y entretenir treize à quatorze religieuses, il érigea le monastère en abbaye, du consentement des abbés déjà nommés, et consentit à ce qu'il y eût une abbesse pour supérieure. Eremberge, qui mourut vers 1227, fut la première qui porta ce titre. Elle céda, au profit de la communauté, sept arpents de terre qu'elle avait à Noisy et reçut dans la maison pour confesseurs deux religieux des Vaux-de-Cernay.

La nouvelle abbaye reçut encore de grands accroissements par les libéralités des rois, des seigneurs du voisinage, de quelques abbés et de plusieurs autres particuliers. Le roi Louis VIII leur assigna sur la prévôté de Paris deux sols dix deniers de rente pour chaque jour de l'année ; saint Louis, son fils et son successeur, prirent tous les biens de ce monastère sous la protection royale ; mandèrent à tous les baillis, ex-prévôts, de les garder, défendre et protéger, et lui accordèrent la franchise de tous les péages par eau et par terre pour les denrées. La reine Marguerite de Provence, femme du roi saint Louis, lui fit don de deux cent livres parisis, qui était alors une somme considérable.

Mathilde de Châteaufort, fille de Constance de Courtenay et femme de Bouchard Ier de Marly, donna le bois de Molereiz ; Hugues, abbé de Saint-Germain-des-Prés, quelques vignes à Meudon et à Louveciennes ; Simon de Braie, ecclésiastique, une maison aux halles de Paris, nommée l'hôtel du Chapeau-Rouge ; Emeline Darenci, sa sœur, vingt livres parisis, pour acheter un fonds qui servirait à entretenir un chapelain ; Mathieu de Meudon, du consentement de Marthe, sa femme, trois setiers d'orge et trois d'hivernage en sa dixme de Meudon, avec un doublier de vin et une masure ; Philippe de Vaumurier et Eremberge, sa femme, la cinquième partie de leurs héritages.

Après les seigneurs de Marly, il n'y en eut point qui signalassent davantage leurs libéralités envers Port-Royal, que les seigneurs de Chevreuse, de Montfort, de Trie et de Dreux. Jean de Montfort, entre autres, frère de Péronnelle, abbesse du monastère, lui céda deux cent cinquante arpents de terre en un tenant au territoire de Perrei, avec basse et moyenne justice. Et plusieurs filles des uns et des autres comme aussi quelques-unes des maisons de Marly de Narbonne et de Levis, attirées par les charmes de cette solitude, la préférèrent aux établissements avantageux que leur naissance leur offrait dans le monde et en furent toutes d'insignes bienfaitrices.

. . . .

Bientôt, la première église se trouvant trop petite pour contenir le nombre croissant des religieuses, on en éleva une nouvelle qui fut dédiée le vingt-cinquième jour de juin 1230 (1). C'est alors que le chapitre de Citeaux, tenu

---

(1) Cette église est celle dont les restes se voient encore aujourd'hui et par nous

en 1233, députa Etienne, abbé de Savigni, pour aller faire l'examen des biens de ce monastère : ils se trouvèrent suffisants pour entretenir soixante religieuses, et c'est vers ce temps qu'elles eurent pour supérieur saint Thibauld, abbé de Vaux-de-Cernay, fils aîné de Bouchard Ier de Marly qui faisait quelquefois sa résidence à Port-Royal (1).

Marguerite de Levis, qui en fut abbesse depuis 1275 jusqu'en 1281, fit don de grands biens au monastère. Elle y porta cinq mille livres, qui furent employées à bâtir un nouveau réfectoire, et enrichit l'église d'une châsse d'argent, d'un grand calice, d'une croix et d'un ciboire d'or. Au commencement du siècle suivant, Yolande de Dreux, reine d'Écosse, puis duchesse de Bretagne et comtesse de Montfort, sœur de Béatrix de Dreux, abbesse de la maison, en fut une illustre bienfaitrice.

Vers 1343, Agnès de Trie, qui gouvernait le monastère en qualité d'abbesse, fit faire de grandes réparations aux lieux réguliers, et acquit des biens considérables. Mais dans le siècle suivant, Port-Royal était bien déchu tant par les injures du temps que par le malheur des guerres, et il ne se releva de ses ruines que par les soins des deux dames de la Fin qui

---

dessinés. Elle aurait été bâtie par Robert de Luzarches, le célèbre architecte du chœur de la cathédrale d'Amiens (1225). *Histoire de Port-Royal* de Sainte-Beuve.

(1) On conserve encore dans l'église de Cernay-la-Ville, les reliques de ce saint abbé, dont nous avons retrouvé la tombe. (Voir nos *Recherches archéologiques* sur l'abbaye des Vaux-de-Cernay).

gouvernèrent l'abbaye depuis 1468 jusqu'en 1558, presque pendant un siècle entier. La première s'appliqua à revendiquer les biens aliénés, à mettre en état ceux qui étaient en friche et à réparer les ruines des bâtiments des Granges. L'autre, imitant sa pieuse tante, fit bâtir un nouveau clocher, réparer l'ancien cloître, le dortoir, l'infirmerie, et plusieurs autres bâtiments; acquit une grande partie des terres qui composent les fermes de Vaumurier, de Champ-Garnier et des Granges; fit faire les chaises du chœur, qui furent finies en 1555 et qui coûtèrent de façon mille deux cent quatre-vingts livres.

Mais c'est à cette illustre famille des Arnauld que Port-Royal fut redevable de la grande réputation et de la splendeur éclatante dont il a joui. Lorsque Mme Jacqueline-Marie-Angélique Arnauld en alla prendre possession, après la mort de Mme Janne de Boulehart, qui deux ans auparavant, c'est-à-dire en 1600, l'avait faite sa coadjutrice, elle trouva la maison dans un état déplorable pour le spirituel et le temporel. Il n'y avait que quelques religieuses et on y vivait dans une grande ignorance, car à peine y savait-on les premiers principes de la religion : on n'y observait point la clôture; l'abstinence, selon la règle, en était bannie; rien n'était en commun : chaque religieuse avait son pécule. Le dortoir consistait en douze cellules, les infirmeries étaient mal bâties et très incommodes par leur humidité, les jardins n'étaient que des marécages incultes.

M. Arnauld, père de la jeune abbesse, touché du mauvais état de cette maison, employa ses soins et une grande partie de ses revenus à la rétablir dans le temporel. Il en fit rehausser les infirmeries; y pratiqua quelques autres commodités et y éleva de petits murs de clôture autour de l'enceinte du monastère.

. . . .

Mme Angélique Arnauld, sa fille, n'avait encore que dix-sept ans et demi lorsqu'en 1609 elle entreprit sa réforme. Elle commença par faire observer la clôture et mettre toutes choses en commun ; puis elle établit l'abstinence conformément à la règle et peu à peu toutes les autres maximes d'une exacte réforme. Elle posa pour principe, quelque peu riche que fût son monastère, de ne point rendre vénale l'entrée qu'elle y accorderait aux filles qui se présenteraient pour y être reçues, principe toujours inviolablement observé à Port-Royal.

Les personnages qui aidèrent le plus Mme Angélique Arnauld dans son entreprise, furent dom Etienne Maugier, abbé de la Chamoie; dom Eustache de Saint-Paul Feuillent; saint François de Sales, évêque de Genève, qui nommait Port-Royal ses chères délices, et le père Pembrock, capucin. Citons ce que dit Racine, dans son *Histoire de Port-Royal*, au sujet du P. Pembrock et de la réforme de la mère Angélique Arnauld :

« Ce capucin, qui était sorti de son couvent par inconduite,
« et qui allait se faire apostat dans les pays étrangers, passant
« par hasard à Port-Royal (en 1608), fut prié par l'abbesse

« et par les religieuses de prêcher dans leur église. Il le fit;
« et ce misérable parla avec tant de force sur le bonheur de
« la vie religieuse, sur la beauté et sur la sainteté de la règle
« de saint Benoît, que la jeune abbesse en fut vivement
« émue. Elle forma dès lors la résolution, non seulement
« de pratiquer sa règle dans toute sa rigueur, mais d'employer
« même tous ses efforts pour la faire aussi observer à ses
« religieuses. Elle commença par un renouvellement de ses
« vœux, et fit une seconde profession, n'étant pas satisfaite
« de la première. Elle réforma tout ce qu'il y avait de mondain
« et de sensuel dans ses habits, ne porta plus qu'une chemise
« de serge, ne coucha plus que sur une simple paillasse,
« s'abstint de manger de la viande, et fit fermer de bonnes
« murailles son abbaye, qui ne l'était auparavant que d'une
« méchante clôture de terre éboulée presque partout. Elle
« eut grand soin de ne point alarmer ses religieuses par trop
« d'empressement à leur vouloir faire embrasser la règle;
« elle se contentait de donner l'exemple, leur parlant peu,
« priant beaucoup pour elles et accompagnant de torrents de
« larmes le peu d'exhortations qu'elle leur faisait quelquefois.

« Dieu bénit si bien cette conduite qu'elle les gagna toutes
« les unes après les autres, et qu'en moins de cinq ans la
« communauté de biens, le jeûne, l'abstinence de viande, le
« silence de la nuit, et enfin toutes les austérités de la règle
« de saint Benoît furent établies à Port-Royal de la même
« manière qu'elles le sont encore aujourd'hui. »

Bientôt la nouvelle réforme de la mère Angélique Arnauld

eut une si grande faveur qu'elle attira à Port-Royal un grand nombre de religieuses des monastères étrangers. En moins de vingt ans Port-Royal réforma ainsi les abbayes de Maubuisson, du Lys, du Tard à Dijon, des îles d'Auxerre, de Gomer-Fontaine, de Gif, de Saint-Aubin au diocèse de Rouen, du Paraclet à Amiens, etc. Tels furent les commencements et tels furent les progrès de cette réforme, la première que l'on eût encore vue dans l'ordre des Citeaux.

Une maison aussi resserrée que l'était alors Port-Royal, ne pouvait contenir une si nombreuse communauté; il fallait agrandir ses édifices ou songer à un second établissement.

Mme Arnauld, mère de l'abbesse Angélique, acheta dans ce but une maison rue du Faubourg-Saint-Jacques, à Paris, pour en faire une succursale de Port-Royal. Après les travaux d'appropriation il y eut une installation de quinze religieuses en 1625, mais M. Jean-François de Gondi, premier archevêque de Paris, ne voulant pas consentir qu'il y eût deux maisons séparées, on fut obligé de faire une translation entière de la communauté des Champs à Paris. Alors on construisit les bâtiments nécessaires et les dépenses en furent soldées par les largesses de Mme d'Aumont qui choisit cette maison pour le lieu de sa retraite. Port-Royal-des-Champs fut abandonné et devint un véritable désert. C'est à cette époque que la mère Angélique Arnauld pour se mettre dans la juridiction de l'ordinaire voulut se soustraire à la juridiction de l'ordre de Citeaux, où elle ne trouvait plus les secours nécessaires pour se maintenir dans une exacte réforme. Elle sollicita et obtint, en 1627, du pape Urbain VIII le bref indispensable. Il ne faut pas se dissimuler que cette sage supérieure n'eut pas en cette occasion le soin de prévoir l'avenir, car cette soustraction est l'une des causes pour lesquelles nous ne voyons plus aujourd'hui Port-Royal-des-Champs (1).

La mère Angélique, toujours animée de l'esprit de réforme, obtint du roi Louis XIII de rentrer dans le droit d'élection; elle se démit du titre et de la dignité d'abbesse et sa sœur, Agnès de Saint-Paul Arnauld, sa coadjutrice, suivit son exemple. Dès l'année 1630 on élut une abbesse.

Peu d'années après, en 1633, au mois d'octobre, Mme la princesse de Longueville, Louise de Bourbon et sœur du grand Condé, établit à Port-Royal l'adoration perpétuelle, et les religieuses changèrent leur scapulaire noir contre un scapulaire blanc avec la croix rouge sur la poitrine.

Ce fut vers ce temps que Jean Duverger de Hauranne, abbé de Saint-Cyran, le premier et l'un des plus célèbres directeurs de Port-Royal, vint à Paris et fixa sa demeure dans le voisinage de la maison acquise au faubourg Saint-Jacques par Mme Arnauld, mère de l'abbesse, maison dont les bâtiments furent considérablement augmentés par les dons des plus grands personnages du temps (2).

---

(1) Nécrologe de Port-Royal.

(2) Ces bâtiments subsistent encore et sont aujourd'hui l'hospice de la Maternité, boulevard de Port-Royal.

Dès l'année 1637, on vit à Port-Royal-des-Champs les premiers commencements de cette célèbre réunion d'hommes du monde, de prêtres, désignés plus tard sous le nom de Solitaires et qui sous la conduite de M. de Saint-Cyran y élevaient dans la connaissance des lettres et de la piété chrétienne plusieurs enfants de condition, donnant aux uns et aux autres des instructions proportionnées à leur âge et à leur état.

En peu d'années on vit cette solitude remplie de personnes qui avaient paru avec distinction dans l'Eglise, dans l'épée, dans la robe et à la cour, et qui par un esprit de pénitence et d'humilité ayant renoncé à leurs emplois éclatants, aux délicieuses occupations du cabinet, et aux nobles exercices des armes, ne s'occupaient que du travail des mains et des fatigues laborieuses de la vie champêtre, semaient les blés, faisaient les foins, cultivaient les jardins, et souvent vêtus d'un cilice ou ceints de chaînes de fer. Ces durs travaux étaient ceux de M. le Maître, l'un des plus beaux génies qui eût encore paru dans le barreau; de M. de Séricourt, qui avait porté les armes avec réputation; de M. d'Andilli, l'un des plus vertueux courtisans et des plus habiles politiques de son siècle; de M. de Luzanci, son fils, qui avait servi et paru à la cour avec distinction; de M. Vitard, receveur du grenier à sel de la Ferté-Milon; de M. Jenkins, gentilhomme anglais, qui après avoir fait l'office de portier pendant vingt et un ans à Port-Royal de Paris, alla faire celui de jardinier pendant vingt-cinq ans à Port-Royal-des-Champs; de M. de Pontis, qui avait servi trois de nos rois avec une grande réputation de valeur; de M. de Pertuis de la Rivière, auparavant engagé dans l'hérésie des calvinistes, et fort estimé parmi ceux de cette communion; de M. Bouille, chanoine d'Abbeville; de M. le Cerf, prêtre de l'Oratoire, qui ayant rempli des emplois considérables et brillé dans les chaires par son éloquence, se réduisit à la communion laïque le reste de ses jours; de M. d'Hillerin, ancien curé de Saint-Méri, à Paris; de M. de Bel-Air, auparavant capitaine de cavalerie; de M. de Pontchateau, qui avait renoncé aux premières dignités de l'Eglise auxquelles sa naissance lui ouvrait l'entrée et avait quitté trois bénéfices considérables; de M. d'Epinai, fils de M. le baron de Saint-Ange, et de tant d'autres.

Parmi ces solitaires, ceux qui n'étaient pas capables de travaux si fatigants savaient y suppléer par les occupations les plus basses : ou ils raccommodaient les souliers des autres, comme M. de Saint-Gilles d'Asson, gentilhomme du Poitou, qui dans ce dessein avait appris le métier de savetier; ou ils faisaient la cuisine des domestiques, comme M. de Gibron, qui avait commandé une compagnie dans le régiment de Schomberg; ou ils gardaient les bois de l'abbaye, comme M. des Champs de Londes, gentilhomme de Normandie; ou enfin ils s'occupaient à recevoir et servir les hôtes, comme M. Giroult de Bessi, auparavant capitaine (1).

---

(1) Quelques esprits tournèrent en ridicule le genre de vie des solitaires en leur donnant le nom de sabotiers et l'on disait que tous les gentilshommes se retiraient à Port-Royal pour y apprendre des métiers. « Cette médisance s'était tellement répandue

En 1648, Mme Marie-Angélique Arnauld, qui était alors abbesse retourna au monastère des Champs et y installa quelques religieuses. Elles y trouvèrent la maison logeable, les marais desséchés, les terres cultivées, les jardins défrichés par les soins des solitaires. A l'arrivée des religieuses cette illustre compagnie se retira aux Granges, qui était une ferme de la maison, située à une très petite distance et où ils continuèrent leur premier genre de vie. Il n'y eut que M. d'Andilli, deux prêtres, un médecin et un chirurgien qui restèrent dans le vallon au dehors du monastère.

En 1652, les religieuses des Champs furent obligées de revenir à la maison de Paris, à cause de la guerre, mais la paix rétablie, on renvoya des religieuses aux Champs dès l'année suivante.

La mère Marie-Angélique y alla elle-même et commença à faire rehausser l'église et rebâtir les dortoirs avec les autres lieux réguliers que l'on amplifia, mais avec une simplicité monastique.

Sitôt que ce dessein fut connu des amis de Port-Royal, ils témoignèrent la même émulation et la même générosité pour le rétablissement de cette ancienne maison des Champs qu'ils en avaient fait paraître pour l'établissement du nouveau

---

qu'elle avait pénétré jusqu'à la cour. C'était pour en dépersuader la reine mère, Anne d'Autriche, que M. d'Andilli prenant congé de Sa Majesté pour se retirer dans cette maison la pria que si on lui disait qu'il faisait des sabots à Port-Royal, elle eût la bonté de n'en rien croire. » Nécrologe de Port-Royal. Préface page XXXVI.

monastère de Paris ; M. le duc de Luynes et M. d'Andilli se chargèrent de conduire l'entreprise, et en firent les principales dépenses. M. de Sévigné fit renouveler le cloître à ses frais, et décorer le grand-autel. M. du Gué de Bagnols contribua généreusement de quarante mille livres pour ces réparations, et transporta au monastère une rente de six mille livres sur le roi. Mme la princesse de Longueville, Anne-Geneviève de Bourbon, y fit bâtir pour elle une maison particulière, afin de pouvoir plus commodément fréquenter cette sainte solitude, qui faisait ses délices. M. le duc de Liancourt et quelques autres y firent aussi construire des appartements, pour y aller goûter les charmes de la retraite. Le même duc et madame son épouse gratifièrent le monastère chacun de la somme de dix mille livres. M. de Luzancé lui légua la même somme ; et M. P. de Champaigne, célèbre peintre, celle de six mille livres, outre plusieurs beaux tableaux dont il lui fit présent.

On travailla à ce rétablissement avec tant d'ardeur et de succès, qu'avant la fin de l'année 1653, il y avait des cellules pour loger cent religieuses.

Ce lieu, qui auparavant était tout désert, avait l'air d'une petite ville, par le grand nombre d'édifices que l'on y bâtit, et l'affluence du monde que la réputation de sa sainteté y attirait de toutes parts.

Ce fut vers 1655 que les persécutions contre Port-Royal commencèrent et que parurent en 1656 les *Lettres provinciales* de Pascal.

S'il n'entre pas dans notre sujet d'exposer les controverses dogmatiques qui eurent lieu à cette époque, ni les luttes qu'eurent à soutenir les solitaires et auxquelles furent mêlées les religieuses, rappelons seulement ici qu'après avoir été évincées, puis réintégrées dans leur monastère, les religieuses de Port-Royal de Paris demandèrent et obtinrent leur séparation d'avec Port-Royal-des-Champs (1669); qu'après la mort de la princesse de Longueville, arrivée en 1679, la lutte devint plus vive, et qu'enfin l'archevêque de Paris, le cardinal de Noailles, s'étant définitivement prononcé contre les doctrines de Port-Royal, on en vint aux voies de fait.

En conséquence d'un arrêt du conseil d'Etat, rendu le vingt-sixième jour d'octobre 1709, M. d'Argenson, alors lieutenant de police, accompagné de trois cents, tant exempts, commissaires, qu'archers, alla trois jours après à Port-Royal-des-Champs, d'où il fit enlever toutes les religieuses de la maison au nombre de quinze de chœur et sept converses, et les envoya en exil dans différents endroits du royaume.

. . . .

Le lendemain de cette expédition, un prêtre inconnu, que l'on a su depuis être M. Madot, se transporta à Port-Royal-des-Champs, avec ordre de visiter les livres et les missels, les images et les tableaux. Il arrêta et confisqua ce qui lui plut, déchira plusieurs estampes de M. de Saint-Cyran, de M. Arnauld, de la mère Angélique.

. . . .

Les archers de leur côté, se voyant les maîtres de ce saint

lieu, pillèrent tout ce qu'ils purent, égorgèrent les volailles, dont ils mangèrent, la vigile de tous les saints comme les autres jours, et commirent jusqu'au 19 du mois de novembre qu'ils y demeurèrent, des intempérances et des profanations.

Le jour de la fête de tous les saints M. d'Argenson en partit pour aller rendre compte au roi de l'exécution de ses ordres et dit à Sa Majesté *qu'il avait été surpris de la constance et de la parfaite soumission de ces bonnes religieuses*, ajoutant *qu'il était fâcheux qu'elles ne fussent pas de sa religion.*

Sur la fin du même mois, Mme de Chateaurenauld, abbesse de Port-Royal de Paris, qui dès le premier jour d'octobre était allée à Port-Royal-des-Champs pour en prendre possession, y retourna pour en enlever le butin. Elle fit emmener plus de cent charrettes pleines, soit en meubles, hardes, Saintes Reliques, vases sacrés, ornements; sans y comprendre ce que l'on vendit sur les lieux et que l'on avait déjà pillé.

. . . .

Les adversaires de Port-Royal obtinrent encore un arrêt du conseil d'Etat du 22 janvier 1710, pour en démolir tous les édifices, qui avaient coûté peut-être plus de quinze cent mille livres à bâtir, de sorte que depuis plusieurs années, on n'y voit plus pierre sur pierre et qu'il n'y reste que le seul moulin qui était à la porte du monastère.

. . . .

Vers la fin de l'année 1711, on commença à en exhumer

les corps enterrés à Port-Royal dont plusieurs se trouvaient encore dans leur entier et quelques autres, quoique enterrés depuis plus de cinquante ans, jetaient du sang en assez grande quantité. Le cimetière de Saint-Lambert, les églises de Palaiseau, de Magny, des Troux et quelques-unes de Paris se trouvent aujourd'hui les heureuses dépositaires de ces saintes dépouilles.

. . . .

On sait qu'après la condamnation des doctrines de Port-Royal et la dispersion des religieuses, les adversaires de cette maison firent exhumer les corps des abbesses, des bienfaiteurs et des nobles hommes dont les sépultures étaient dans l'église, le cloître et le cimetière.

Nous croyons devoir donner ici le procès-verbal inédit de ces exhumations et réinhumations, dressé par le curé de Magny-les-Hameaux, chargé par l'autorité diocésaine de procéder à cette triste cérémonie.

Réception des corps exhumez du Monastère de Port Royal des Champs et reinhumez en l'église de Magny.

« Les 16 et 17 décembre mil sept cent-onze ont été inhumez en cette
« Eglise les corps et cœurs ci-dessous mentionnez exhumez du Monastère
« de Port Royal des Champs situé en cette paroisse et détruit entièrement
« par autorité royale et ecclésiastique a cause de refus que les religieuses
« de la d. Abbaïe ont fait d'abandonner une Doctrine et des sentimens
« non conformes à ceux de l'Eglise touchant la prédestination et la grâce

« et pour auoir soutenû la Doctrine de Jansenius avec plus d'opiniatreté
« qu'il ne l'auait auancée lui-même. En punition d'une si condamnable
« désobéissance dans des religieuses qui sur de pareilles matières dont
« elles ne pouuaient être juges par elles-mêmes sont inexcusable de
« n'auoir uoulu se soumettre au jugement de leurs supérieurs dans la
« foy come le souuerain Pontif et leur Archeuêque pour suiure avec
« autant d'opiniatreté que d'aueuglement des pasteurs étrangers et merce-
« naires auxquels elles s'étaient entierrement déuouées après en avoir été
« séduites par leurs erreurs. Pour toutes ces justes raisons après une
« patience et des tempéramens dignes de la douceur de l'Eglise et de
« l'Esprit saint qui la gouverne les susd. abbesse et religieuses toujours
« rebelles ont été dispersées en différents monastères du Royaume avec
« lettres de cachet et leur maison condamnée comme le rendez-vous du
« parti des Jansénistes a été entierrement démolie jusqu'aux fondemens
« et mis en terres labourables jusqu'à l'exhumation des corps enterrés
« dans le d. monastère lesquels ont étez rendus en partie aux familles qui
« les ont redemandez et le reste dans une même fosse au cimetière de
« Saint-Lambert comme plus proche ; à l'exception des corps et cœurs
« en plomb qui n'ont point été rapelez par leurs familles lesquels pour
« plus grande seureté ont été mis en cette Eglise leur paroisse dans la
« nef de la Vierge sous des pierres blancs auec des noms et chiffre suffisant
« pour en facilité la recherche si un jour besoin en était.

« Le cercueil en plomb de messire Claude Grenet prêtre docteur de la
« maison et société de Sorbonne ancien curé de la Paroisse Saint-Benoit
« à Paris décédé le 15ᵉ mai 1684 agé de 79 ans.

« Autre cercueil de plomb ou gist le corps de messire Pierre Leroy
« sieur de la Potterie prêtre décédé le 10 septembre 1670 agé de 87 ans
« et demi.

« Autre cercueil en plomb de messire Sébastien-Joseph de Camboust
« de Pontchasteau décédé à Paris le 27ᵉ juin 1690 agé de 57 ans.

« Autre cercueil en plomb de haut et puissant seigneur messire
« Charles-César de Camboust chevailler de Coislin décédé à Versailles
« le 10ᵉ feurier 1699 agé de 57 ans. *requiescat in pace*.

« Premier cœur en plomb de Simon Akakin, Sʳ Duplessis mort le
« 12 auril 1705 agé de 68 ans.

« Deuxième cœur en plomb d'Antoine d'Asson.

« Troisième cœur en plomb de Catherine Angran.

« Quatrième cœur en plomb de François Bouilly.

« Cinquième cœur en plomb de Catherine de Ricoüan veuve de
« Mᵉ Pierre Benoist consᵉʳ au grand conseil décédée le 17 mai 1699.

« Sixième cœur en plomb de la révérende mère Marie-Angélique
« Suyreau 22 ans abesse de Maubuisson et décédée à Port-Royal le
« 10 décembre 1658.

« Septième cœur en plomb de messire François Retard docteur en
« théologie de la faculté de Paris curé de Magny qui auait beaucoup
« affectionné ce monastère.

« Neuf autres cœurs en plomb sans inscriptions.

« Deux autres boettes de plomb sans inscription dans lesquels paraissent
« être des entrailles.

« Le tout se rapportant aux chiffres et noms marquez sur les pierres
« de la nef de la Sᵗᵉ Vierge ou ils ont été reinhumez les jours et an
« cydessus et ce pour servir de mémoire.

Signé : Dauril,

Curé de Magny, et chargé par son excellence
monseigneur le cardinal de Noailles archevêque de Paris de cette exhumation et
reinhumation (1).

---

(1) Nous devons la communication de ce procès-verbal à M. l'abbé Lejour (1855), alors curé de Magny-les-Hameaux, qui mourut le 2 février 1881 après avoir fait un bien

Ce monument ne mentionne que les sépultures modernes et il garde le silence sur les tombes des XIIIe et XIVe siècles. Ce silence ne peut s'expliquer que par le peu d'intérêt qu'inspiraient alors les monuments du moyen âge. M. le curé de Magny partageait sans doute à l'égard de ces monuments l'indifférence commune. Quoi qu'il en soit, les artistes, les archéologues et les historiens consacreront un souvenir reconnaissant à M. l'abbé Dauril d'avoir recueilli la plupart des tombes et des inscriptions qui sont aujourd'hui dans l'église de Magny-les-Hameaux.

Après l'abolition des couvents en France, en 1790, le Directoire du District de Versailles, vendit le 3 mars 1792, le domaine de Port-Royal à M. Rendu, ancien notaire à Paris. Depuis, cette propriété a appartenu à M. Després (15 novembre 1791); à M. Talmocon (26 février 1810); à MM. Silvy, Gaurin, Bourgoin et Lacoupelle (27 octobre 1824); à M. Silvy seul (3 octobre 1828); à MM. Gilquin et Hureau, directeurs de la Société d'instruction élémentaire de Saint-Antoine ; aujourd'hui le domaine de Port-Royal, appartenant à M. .

. . . .

Dans les pages qui précèdent nous avons résumé pendant

---

considérable pendant les trente-sept années qu'il a passées dans cette humble paroisse. C'est à M. Lejour que les amis de nos monuments historiques doivent la conservation des pierres tombales et des inscriptions de Port-Royal, qui pavaient son église et aujourd'hui dressées sur les murs depuis 1862.

une période de plus de cinq siècles l'histoire de Port-Royal-des-Champs dont le nom rappellera toujours le souvenir de grands talents littéraires et la regrettable destruction de monuments intéressant l'histoire religieuse et les arts de notre pays.

Il nous reste maintenant à expliquer les dessins auxquels ont donné lieu nos recherches sur Port-Royal, à faire connaître la disposition des divers édifices, ce qui reste de l'Eglise et des autres bâtiments ; à décrire les nombreuses tombes et inscriptions autrefois dans l'Eglise, le Cloître et la Salle du Chapitre, tous ces monuments aujourd'hui dispersés dans les églises des environs et dans quelques églises de Paris.

La Pl. 1 représente la vue générale de l'abbaye de Port-Royal-des-Champs en 1709, prise des hauteurs de la ferme des Granges (1).

Cette abbaye était située au commencement d'un vallon solitaire, entourée de bois et de collines, sur le bord d'un assez grand étang, à trois kilomètres de Chevreuse et à vingt-quatre kilomètres de Paris au sud de Saint-Cyr.

La digue qui soutenait l'étang servait de clôture d'un côté à l'abbaye et ses eaux passant à travers le monastère formaient un canal de deux mètres de large et de trente mètres de long.

Le mur de clôture était soutenu de distance en distance par des tourelles qui se commandaient l'une l'autre : c'était

---

(1) D'après la gravure de Hortemels.

une enceinte fortifiée qui défendait le monastère contre les attaques du dehors au temps de la Fronde.

A l'entrée, on voyait le plus petit et le plus ancien bâtiment habité, selon la tradition, par saint Thibaud, supérieur de la maison et abbé de Vaux-le-Cernay, et ensuite par les directeurs de Port-Royal.

Dans la grande cour du dehors était le corps de logis des hôtes, à trois étages, avec des appartements séparés pour les hommes et les dames. Au fond de la même cour, l'hôtel de Mme de Longueville, bâti à la moderne, avec entrée sur le bord du chemin.

L'église tournée au levant était un édifice ancien, c'est-à-dire du XIIIe siècle, avec une croisée formant deux ailes. La nef avait six arcades de chaque côté. Dans les cinq premières se trouvait l'avant-chœur et le chœur des religieuses; sur la sixième était le clocher renfermant seulement deux moyennes cloches. Cette nef avait deux collatéraux ou corridors, où l'on voyait plusieurs sépultures. Le sanctuaire était placé dans l'espace de la première des deux arcades du chevet. L'autel était simple, et sur le rétable était placé un beau tableau de Ph. de Champaigne représentant la Cène où Notre-Seigneur était assis avec ses douze apôtres, et au-dessus une suspension de l'hostie en forme de crosse (1).

Tous les édifices des lieux réguliers étaient d'une grande

---

(1) Ce tableau appartient aujourd'hui à la collection du Louvre.

simplicité, mais solides, propres et commodes. Le dortoir avait deux étages et environ quatre-vingt-dix chambres pour loger les religieuses.

Sur la hauteur et à une petite distance du monastère du côté nord était une grande ferme, dite les Granges; elle faisait partie des dehors de Port-Royal et de même fief que l'abbaye laquelle avait haute et basse justice.

. . . .

Dans les derniers temps cette ferme ou maison consistait en une grande cour entourée de bâtiments; au milieu était un puits de quarante-quatre mètres de profondeur avec une machine élévatoire de l'invention du grand Blaise Pascal. Tout le terroir de cette abbaye était évalué à trois cent quatre-vingts arpents de terre labourable, à neuf cent vingt-cinq arpents de bois taillis et à quarante arpents de prés en une seule pièce. Dans le monastère, soit en dehors, soit en dedans, étaient toutes les officines nécessaires à la maison, comme menuiserie, cordonnerie, tisseranderie, vitrerie, etc. (1).

La Planche 2 représente le plan général de l'abbaye, le plan de la ferme des Granges avec une légende indicative de l'usage des divers bâtiments.

Dans les lieux réguliers et en dehors de la clôture se trouvaient :

---

(1) Nécrologe de Port-Royal.

L'entrée de l'abbaye.
La grande cour du dehors.
Les écuries, forges et menuiserie.
La maison des hôtes.
Le jardin des hôtes.
Terrain en glacis.
La maison de saint Thibaud.
La maison de M. de Sainte-Marthe.
La grange (existant encore).
Le colombier (existant encore).
Le poulailler.
La basse-cour.
Le moulin (existant encore).
L'infirmerie.
L'église.
Le cimetière extérieur.
Le parloir.
Le grand dortoir.
La bibliothèque et le cloître Saint-Charles.
La maison des pensionnaires.
Le cloître et le cimetière intérieur. La croix en fer existe encore au milieu du cimetière.
Le bûcher.
Le cour des religieuses.
Le passage.
Le logement de l'abbesse.
La salle et le réfectoire des hôtes.

La pharmacie et l'infirmerie.
La cour et l'infirmerie.
Le jardin des simples.

En dehors des bâtiments conventuels étaient :

L'entrée.
La cour.
L'hôtel de Mme de Longueville.
La tribune de Mme de Longueville.
Le jardin de Mme de Longueville.
La maison et la cour de Mlle des Vertus.
Le jardin de Mlle des Vertus.
Le jardin de l'abbesse.
La fontaine de la mère Angélique.
Le Potager.
Le canal (existant encore).
La buanderie.
La tannerie.
La tour défendant l'enceinte.
La solitude.
L'étang.
Les prés.
Les bois de l'abbaye.
Le chemin des Granges.
L'ancienne route.
La nouvelle route.

Les bâtiments dits des Granges, habités par les solitaires, comprenaient :

A, B, C, Les chambres d'Arnauld, de Nicole, de Pascal, de Racine, situées au deuxième étage.
D Ecole de Port-Royal située au premier étage.
E Grange.
F Ecuries et vacherie.
G Bâtiments modernes.
H Pressoir.
J K. Granges.
L Puits.
M Restes d'anciennes maisons de solitaires.
N Potager.
O Maison du jardinier.
P Dépendances.
Q Ancien rendez-vous de chasse.

De tous ces édifices, il ne reste que l'enceinte et les tours carrées, le colombier, le bas des murs extérieurs de l'église et la ferme des Granges.

La maison de saint Thibaud, celle de M. Sainte-Marthe et le moulin ont été appropriés à une exploitation agricole.

Dans la planche 3 sont représentés une des tours de l'enceinte, le colombier et ce qui reste de l'église. Les tours de l'enceinte, pourvues de meurtrières, sont bâties en meulière et de forme carrée avec issue sur le jardin du monastère seulement; les trous des anciennes solives et l'épaisseur des murs démontrent que ces tours avaient un rez-de-chaussée et un premier étage et qu'elles n'étaient pas voûtées en maçonnerie.

Le colombier, aussi bâti en pierres meulières avec larmier en grès à mi-hauteur offre dans son comble surmonté d'un campanile un bel exemple de charpente.

L'église, bâtie en 1230, d'une remarquable exécution comprenait : une nef, deux collatéraux, un transept et une abside carrée. Les piliers isolés et les colonnes engagées sont en pierres calcaires de Saint-Nom et les murs en moellons de roche hourdés et enduits de mortier. Les bases de ces piliers et colonnes, de la meilleure époque de l'art ogival sont dans un parfait état de conservation quoique ayant été enfouis depuis 1652, époque où la mère Angélique fit rehausser le sol de l'église (1).

---

(1) Quelques détails sur la construction de l'église de Port-Royal seront lus avec intérêt :

« Qu'on se représente une église d'environ trente toises de long sur approchant dix
« de large, ce qui formoit huit croisées ou arcades, dont six pour le chœur et deux pour
« le sanctuaire qui étoit terminé par un rond point. Qu'on sépare ces deux premières
« arcades des six autres par une croisée qui formoit deux ailes de deux arcades chacune ;
« qu'on y ajoute des bas-côtés voûtés comme tout le reste de l'édifice, et on jugera qu'il
« étoit impossible, surtout dans le lieu de Port-Royal, de faire en si peu de temps un
« ouvrage si considérable. J'ai déjà fait observer l'éloignement des lieux où l'on pouvoit
« acquérir les matériaux, et que peut-être aurait-il fallu battre des pilotis, ou du moins
« prendre des précautions équivalentes. On s'étonnera, il est vrai, que cette église ait été
« environ vingt ans à construire, mais il faudroit pour admettre cette surprise qu'on fixât

Nous avons dessiné :

Pl. 4, Fig. 3. Grande et belle tombe représentant deux personnages : Eudes de Montfaucon et Aelide de Gallardon,

« le tems juste où elle fut commencée, ce que qui ce soit ne peut faire. Cette surprise
« cessera cependant si on fait attention que *Robert*, architecte habile, natif de *Luzarches*,
« dont il prit le surnom, fut engagé par les *Montmorenci* ses seigneurs, à entreprendre ce
« travail ; que chargé dans le même temps de faire bâtir la cathédrale d'Amiens qu'il
« abandonna après en avoir fait une partie, il ne pouvoit vaquer en même temps à deux
« bâtiments si éloignés l'un de l'autre. Quiconque a vu l'église de Port-Royal et se la
« rappellera pour la confronter avec ce qui est de cet architecte dans la cathédrale
« d'Amiens, ne niera point ce fait. Je puis ajouter que *Robert* guidé par certains caprices
« négligeait souvent ses entreprises, surtout quand les deniers n'étoient pas comptés sitôt
« qu'il les vouloit. La difficulté d'ailleurs d'avoir des matériaux et de les mettre en œuvre
« dans le temps d'hiver, devait encore retarder une opération qui surtout depuis la mort
« de *Mathilde*, pouvait n'être pas poussée si vivement, parce que les fonds n'étaient plus
« si abondants. »

Il est certain maintenant que Robert de Luzarches a bâti l'église de Port-Royal en même temps qu'il édifiait la cathédrale d'Amiens. Mémoire de Guilbert, tome 1er, 1re partie, pages 118 et 119. Utrecht, 1758.

Guilbert dans ses mémoires dit encore page 81, « qu'en 1241 dans le tombeau de
« Bouchard Ier de Marly, qui mourut le 13 septembre 1226, on mit le corps de Pierre de
« Marli son fils, mort le 4 septembre 1241. Avant qu'on eut relevé de huit pieds le sol
« de l'église, on voyait sur son tombeau sa statue en relief. » Il y a donc lieu de supposer que le tombeau de Bouchard Ier et sa statue sont enfouis dans le remblai de l'église. Qu'il nous soit permis d'appeler l'attention de l'administration des Beaux-Arts sur cette hypothèse. Si des fouilles étaient faites avec le consentement du propriétaire actuel du domaine de Port-Royal, elles pourraient amener la découverte de plusieurs œuvres d'art du XIIIe siècle.

M. Gazier, professeur à la Faculté des lettres de Paris, a bien voulu nous signaler les Mémoires historiques et chronologiques de Guilbert desquels nous avons extrait ce qui précède.

sous une double arcature ogivale portée par trois consoles feuillagées dont une médiane. — Au-dessus de cette arcature sont trois anges dont l'un porte les âmes des défunts et les deux autres tiennent des encensoirs. Eudes est revêtu du haubert de mailles et botté de lames de fer, par dessus, une longue cotte avec ceinture et épée croisé au pommeau. Aelide, la tête voilée et le col recouvert d'une guimpe, est vêtue d'une longue robe serrée à la taille par une ceinture nouée et par-dessus un manteau doublé de vair.

Au pourtour on lit en lettres gothiques :

...... GIST - MONSEIGNEUR - HEVDE - DE - MONFAUCON
CHEVALIERS — QVE - DIEX - ASSOILLE - QVI - TRESPASSA - LAN
DE - GRACE - M - CC - Z - IIII - XX - Z - XIX - LE - DIEMANCHE
APRES — LA — SINT - MARTIN - DIVER

ICI - GIST - MADAME - AELIDE - DE - GALLARDON — FAME - IADIS
DE - NOBLE - HOME - MONSEIGNEUR - GVI - DE - ROCHEFORT - Z - DE
MONSEIGNEUR - HEVDE - MOFAUCO - ELLE - TRESPASSA - XIV
AVR — M - CCC - PEZ - POUR - E....

Cette tombe, autrefois dans le cloître, du côté du chapitre est actuellement dans l'église de Magny, n° 7 du plan, Pl. 4.

Pl. 4, Fig. 1. Tombe de Mahi, seigneur..... Ce personnage est sous une arcature trilobée avec tympan à jour supporté par deux colonnes à chapiteaux, feuillagées, cantonnées de contreforts avec pinacle. Son costume, son armure sont semblables à ceux de la tombe précédente, sauf que les écus sont avec alérions et merlettes.

Au pourtour on lit en lettres gothiques :

CI - GIST - MONSEIGNEUR - MAHI - IADIS - SI . . . . .
. . . .
DE - GRACE - MIL - CCC - ET - CINQ - PRIEZ - POUR - LAME
DE - LVI

Cette tombe, dont nous avons réuni les débris, est dans l'oratoire de M. Sylvy.

Pl. 4, Fig. 6. Tombe représentant une femme, Marguerite de Levis, sous une arcature trilobée supportée par des colonnettes cantonnées de contreforts avec pinacle. Deux anges portent l'âme de Marguerite et deux autres anges portent des encensoirs.

Au pourtour, on lit en lettres gothiques :

ANNO - M - C - BIS - LX - BIS - V - SEMEL - I - BIS - HIC - REQVIEVIT.
IBI - POST - CVIVS - NOMEN - HABEBIS - MARGARETA - FUIT - MATHEI.
MALLIACENSIS - VXOR - ET - HANC - GENUIT - GENEROSVS - GVIDO.
IEVESIS - SEX - PARIT - ISTA - MARES - VIR - OBIT - PETIT - HEC.
MONIALES - INTRA - CLAUSTRALES - ELEGIT - ESSE - LARES - IN.
REQVIE - MULTA - SIT - NOMNE - VESTE - SEPVLTA - LUCEAT,
ETERNA - SIBI - LUX - IN – PACE AME.

Cette tombe, autrefois devant le maître autel de l'église de Port-Royal, est actuellement dans l'église de Magny, n° 9 du plan, Pl. 4, Fig. 7.

Nous avons dessiné Pl. 4, Fig. 5, une des tombes les mieux

conservées : celle de Bouchard de Marly. Ce chevalier, vêtu d'une cotte, a la tête nue et les mains jointes ; sur sa jambe gauche, est l'écu à la croix ancrée et cantonnée des quatre alérions des Montmorency ; il est ceint d'une épée à pommeau gravé d'une croix, à ses pieds est un levrier. Sa tête est sous un arc ogival trilobé, supporté par des colonnettes à chapiteaux feuillagés, cantonnées de contreforts surmontés de pinacles ; dans le tympan deux anges tenant des encensoirs.

Au pourtour, on lit en lettres gothiques :

ANNO - DOMINI - MILLESIMO – DVCENTESIMO - NONAGESIMO
SEPTIMO - SEPTIMO - IDUS - MARCI - OBIIT - DOMINVS - ......
RDUS – MILES - QNDAM - DOMINVS - DE - MARLIACO - CVIVS
ANIMA - PER - MIAM – DEI - RESQVIESCAT - IN - PACE – AMEN

Cette tombe, autrefois dans l'église de Port-Royal, est actuellement dans l'église de Magny, n° 10 du plan (Pl. 4, Fig. 7).

Les religieuses de Sainte-Marthe de Magny possèdent un buste en cire représentant la mère abbesse réformatrice, Angélique Arnaud, fille d'Antoine Arnaud, célèbre avocat, mort en 1619. Nous avons dessiné ce buste, Pl. 4, Fig. 2, et nous donnons ci-après les pièces qui constatent l'authenticité de ce monument cher aux amis de Port-Royal.

« Ce visage en cire et cette forme de buste ainsi arrangé viennent de
« Port-Royal-des-Champs. On a lieu de croire que le visage est de la

« façon de la mère Angélique de Saint-Jean et que l'habillement est fait
« d'habits de la révérende Abesse mère réformatrice, que ce visage
« représente. Le tout avec sa boîte a été remis lors de la destruction de
« cette sainte maison à Mlle Letourneur et passé à Mlle Levasseur ; a été à
« Mlle Levasseur, nièce de la précédente, à M. Helin, enfin à Mlle Branché
« en l'an 1775, en foi de quoi elle a signé,

Signé : MARIE-PHILIPPE-BRANCHÉ.

« J'ai reçue aujourd'hui seize octobre mille sept-cent quatre-vingt-
« deux de Mlle Branché, ce buste de la Révérende mère Angélique et je
« l'ay placé dans la chapelle ou tribune de ma comunauté à l'effet d'être
« vénérée, et d'attirer sur elle les Bénédictions du Seigneur ; et dans le
« dessein de m'obtenir par l'intercession de cette illustre réformatrice son
« esprit de foy et de charité.

« Sr JEANNE DESMOUSTIERS DE MERINVILLE
« Abesse de Letré.

« J'ai reçu de Me de Merinville notre abesse ce précieux dépot à notre
« sortie de Lettré en 1792 pour la société avec laquelle je suis en 1814
« avec Mlle Fabrie et Vacherot, membres de notre dite maison en foi de
« quoi nous avons signé :

MARGUERITE LOUISE MARCHAND — R^{se}.
« MARIE CATHERINE FABRE S. E. VACHEROT.

« Nous soussigné remettons à Mlle Felix amie et bienfaitrice de la
« maison de l'abbaye de Lettrés cette relique qui nous avait été donnée ;
« elle a promis de la faire remettre après elle à celle qui resterait de la
« maison.

« A Paris ce 9 avril 1816.

« M. E. FAVRE.
« E. G. VACHEROT.

« La présente relique a été trouvée par moi soussigné en 1832 au fond « d'une obscure et profonde armoire d'un appartement occupé par mon « père, rue des Tournelles, 58 à cette époque et qui avait été précé- « demment habité par Mlle Félicie. Mon père en a fait hommage à « M. Silvy alors propriétaire de Port-Royal.

« Ce 9 mai mil-huit-cent-soixante-trois.

Signé : LOCRÉ
Secrétaire de section au Conseil d'État.

« Ce buste et sa boîte doivent être remis après ma mort aux sœurs de « Magny.

« Ce 25 aoust 1835.

Signé : SILVY. (1)

(1) Un monument élevé dans le cimetière de Saint-Lambert, village près de Port-Royal, rappelle la mémoire de L. Silvy, ancien auditeur à la chambre des comptes de Paris, ancien maire de Saint-Lambert, l'un des fondateurs de la maison des frères établie dans le village; décédé le 12 juin 1847 âgé de 87 ans, à Port-Royal-des-Champs dont il avait racheté et conservé précieusement les derniers restes. Ces lieux pour lesquels il avait une vive affection lui ont inspiré des inscriptions et des vers qu'on voit encore gravés sur des dalles en pierre scellées en divers endroits. Parmi ces vers nous citerons ceux intitulés : Derniers vœux d'un vieillard auprès des ruines de Port-Royal-des-Champs.

> Port-Royal, lieu béni, soit gravé dans mon cœur !
> Lieu désolé ! puissé-je, à mon heure dernière,
> Tourner encore vers toi ma débile paupière !
> Qu'à ce terrible instant la croix de mon Sauveur,
> Couvrant d'un doux éclat tes ruines touchantes,
> S'environne pour moi d'images consolantes !
> Que ma foi les contemple, et qu'en fermant les yeux,
> Je m'unisse à tes Saints pour revivre avec eux.

Nous avons dessiné, Pl. 4, Fig. 4, une statuette en pierre représentant un évêque vêtu d'une chasuble et trouvée dans les fouilles faites à Port-Royal. Cette statuette, œuvre d'un artiste du xive siècle, est aujourd'hui dans l'oratoire bâti par M. Silvy.

Sur cette même Pl. 4, est encore dessiné Fig. 7, le plan de l'église de Magny avec l'indication des nombreuses tombes et épitaphes qui ont pavé le sol de cette église jusqu'en 1862. Nous reproduisons la légende qui accompagne ce plan avec les noms et qualités des divers personnages dont ces tombes conservent le souvenir.

N° 1 du plan de l'église : dalle armoriée sur laquelle sont gravés quatre écussons, une tête de mort et une épitaphe en français.

A LA MÉMOIRE DE :

CHARLES LECAMUS, ESCVIER, S^r DE BVLLOYER ET DE ROMAINVILLE
† LE 25 MAY 1612.

DAMOISELLE MARIE DE MAVLEVAVET, SA FEMME,
MORTE LE 10 JUILLET 1623.

HENRI LE CAMUS, S^r DE BVLLOYER ET DE ROMAINVILLE,
MORT LE 11 JUIN 1620

MARIE RUBENTEL SA FEMME, † 29 JUILLET 1658.

2. Tombe, très usée, effigie d'un prêtre dont on ne voit plus traces de surplis ni de caractères.

3. Tombe avec effigie d'un prêtre, calice entre les mains,

aube, étole, chasuble, quatre médaillons ronds aux angles, épitaphe en gothique :

> VENERABLE ET DISCRETE PERSONNE, Me NICOLLE DE LESPINE P^{tre} NATIF DE MAGNY LESSART DEMEURANT AUDIT LIEU. MORT LE 17 DECEMBRE 1545.

4. Tombe avec effigie d'un prêtre sous un arc cintré soutenu par des pilastres avec épitaphe : effigie et épitaphe usée et illisible.

5. Tombe du XIIIe siècle, avec effigie d'un prêtre sous un arc trilobé, épitaphe presque effacée en capitales gothiques. On lit encore :

> CORPORIS IN MEMBRIS OCTAVA LUCE NOVEMBRIS (1)

6. Epitaphe latine de Robert Arnauld d'Andilly, mort le 27 septembre 1675 ; au-dessus du texte est gravée la devise :

> SUB SOLE VANITAS SUPRA SOLEM VERITAS

---

(1) Les tombes 2, 3, 4 et 5 sont des prêtres anciens desservants de la paroisse de Magny et ne semblent pas provenir de Port-Royal, car l'abbé Lebeuf qui mentionne la translation des tombes de Port-Royal dans l'église de Magny, dit que près du sanctuaire, sont plusieurs tombes de prêtres, entre autres une tombe du XVIe siècle, probablement celle de Nicolle de Lespine.

7. Dalle tumulaire de Heude de Montfaucon et de Aclide de Gallardon; dessinée Pl. 4, Fig. 3.

8. Epitaphe latine de Henri-Charles Aranauld de Lusancy, mort aux ides de février en 1684, autrefois dans l'église de Port-Royal dans le bas côté de Saint-Laurent.

9. Tombe de Marguerite de Levis autrefois dans l'église de Port-Royal, sous la lampe, dessinée Pl. 4, Fig. 6.

10. Tombe de Bouchard de Marly, autrefois dans l'église de Port-Royal devant le grand autel du côté de l'épître ; dessinée feuille 5, n° 10.

11. Epitaphe latine de messire Jacques Hillerin, ci-devant curé de Saint-Merri, qui mourut le 14 avril 1669. Son cœur autrefois dans le collatéral de l'église de Port-Royal, chapelle Saint-Laurent; son corps à Saint-Jacques-du-Haut-Pas.

12. Dalle de marbre noir sur laquelle est gravée une épitaphe latine pour le cœur de Catherine Angran, femme de Barthélemy de Belisy, conseiller au grand conseil, morte octogénaire le 24 mai 1701.

13. Epitaphe latine de M. François Retard, docteur de Sorbonne et curé de Magny, mort le 30 mars 1663, autrefois dans l'église de Port-Royal, chapelle des Saintes-Reliques où était son cœur; son corps ayant été inhumé dans l'église de Magny.

14. . . . .

15. Epitaphe latine de messire Antoine Baudri de Saint-Gilles d'Asson, qui mourut le 30 décembre 1663, inhumé dans l'église de Sainte-Marguerite de Paris et son cœur

enterré dans l'église de Port-Royal près de l'autel de Saint-Laurent.

16. Epitaphe latine de messire Guillaume Dvgvé de Bagnols, maître des requêtes, qui mourut le 15 mai 1657, inhumé dans l'abbaye de Port-Royal.

17. Epitaphe latine du cœur de François Bouilli qui mourut le 8 avril 1668, inhumé dans le collatéral du côté de la chapelle Saint-Laurent. Son corps fut porté à l'église de Magny.

18. . . . .

19. Epitaphe latine de la révérende mère Agnès de Sainte-Thècle Racine; elle mourut le 17 mai 1700; autrefois dans le collatéral gauche de l'église de Port-Royal.

20. . . . .

21. Tombe avec incrustation de marbre pour le visage, les mains et la crosse, représentant une abbesse dont la gravure est presque effacée, sauf la crosse.

On y lit encore : «... mil Vᵉ LVIII... » Cette tombe est celle de Jeanne de la Fin, abbesse, qui mourut le 17 mai 1558 et autrefois dans l'église de Port-Royal.

22. Epitaphe latine encadrée de larmes de Paul-Gabriel de Gibron, fils du sénéchal de Narbonne, capitaine au régiment de Schomberg, mort le 23 juin 1677, autrefois dans le bas côté gauche de l'église de Port-Royal.

23. Tombe sur laquelle est gravée l'effigie d'une femme la tête recouverte d'un voile, les mains jointes, vêtue d'un manteau historié. On lit encore :

CI : GIST ..... EUSE : DAME IOHANNE : CHEVREUSE : IADIS
ABEISSE : DE VILLIERS : FILLE : DE : NOBLE : HOME : MONSEI-
GNEUR : HERVI : DE : CHEVREUSE : SEIGNEUR : DEMOCOURT
QUI : TRESPASSA : LAN : DE : GRACE : MCCCZVJII

Cette tombe est celle de dame Jeanne de Chevreuse qui mourut à Port-Royal le 31ᵉ jour d'octobre 1308. Elle fut enterrée dans le cloître, côté du chapitre.

24. Tombe gravée du xivᵉ siècle représentant deux personnages dont une femme ; ces personnages et les inscriptions sont à peu près effacés.

25. Epitaphe latine de messire Pierre Borel, prêtre, chapelain de Port-Royal qui mourut le 28 janvier 1687 ; autrefois dans l'église à côté de l'autel de Saint-Laurent.

26. Grande dalle qu'on croit être la table de l'ancien autel de Port-Royal.

27. Epitaphe avec tête de mort gravée de François-Etienne Cailleteau de Lassurance, clerc minoré, mort âgé de 27 ans le 13 octobre 1721.

28. Epitaphe latine de Nicolas Thiboust, prêtre du diocèse d'Evreux, chanoine de Saint-Thomas du Louvre, qui mourut âgé de 92 ans, le 3 mars 1688. Il fut inhumé dans l'église de Port-Royal.

29. Epitaphe latine de Jean Doamlup de Bordeaux, mort le 13 juin 1671, après vingt-quatre ans de retraite dans ce monastère où il vécut en de grandes austérités. Il fut enterré dans l'église de Port-Royal devant le grand autel du côté de l'épître.

30. Inscription latine pour le cœur de révérende mère Marie des Anges Suireau, ancienne abbesse de Maubuisson; se retire à Port-Royal, est élue abbesse et meurt le 10 décembre 1658. Autrefois dans le bas côté de l'église de Port-Royal.

31. Epitaphe latine de Sébastien-Joseph du Camboust de Pontchateau qui mourut à Paris le 27 juin 1690; autrefois dans l'église de Port-Royal devant la grille du chœur.

32. Epitaphe illisible du XVIIe siècle, de Sébastien...

33 . . . .

34. Epitaphe latine de messire Emmanuel le Cerf, prêtre, qui mourut le 8 décembre 1674, et fut inhumé dans le cimetière de Port-Royal, près la croix.

35. Epitaphe latine de Mme Mallon de Nointel, veuve de messire Edouard Ollier, seigneur de Nointel, qui mourut le 19 novembre 1676 et inhumée dans l'aile gauche de l'église de Port-Royal, du côté de la chapelle Saint-Laurent.

36. Epitaphe latine de messire Raphaël le Charron d'Espinoy qui mourut à Paris, le 12 septembre 1676, inhumé auprès d'Anne Sainte-Eugénie de Boulogne, sa mère, dans l'aile gauche de l'église de Port-Royal.

Dans l'église de Magny sont encore gravés sur les dalles du sol, les cercueils en plomb de :

P. M. Granet, curé de Saint-Benoist; il fut supérieur de l'abbaye, mourut le 25 mai 1684 et fut inhumé au pied de la croix du cimetière.

M. Le Roy de la Poterie, prêtre; il mourut le 10 septembre 1670 et fut inhumé au pied de l'autel de Port-Royal.

Dans le sol est un fragment de tombe du XIIIe siècle et sur lequel on lit encore en capitales gothiques :

       . . . ICI - GIST. . . . . .
       . . . . . ACE - IX - EM. . . .
       . . . . . . SE - DEPO. . . . .
       . . . . N - LAN - DE -. . . . .
       . . . . . . SEIGNO. . . . . .

Au milieu de ce fragment est gravé un cœur avec un 7 moderne.

Ces épitaphes ne sont pas mentionnées dans la légende annexée au plan de l'église (Pl. 4, Fig. 7).

Toutes les tombes et épitaphes ci-dessus décrites et qui formaient le sol de l'église de Magny jusqu'en 1862 ont été déposées et reposées sur les murs de l'église.

Les corps et cœurs exhumés ont été inhumés par les soins de M. Lejour, alors curé de Magny (1).

---

(1) Nous reproduisons le procès-verbal de ces exhumations et inhumations, que nous devons à l'obligeance de M. Finot, actuellement curé de Magny et successeur de feu M. l'abbé Lejour.

L'an mil huit cent soixante-deux, le sept août, nous prêtre soussigné, curé de Magny-les-Hameaux, avons inhumé dans un caveau pratiqué à la droite de l'autel de la Sainte-Vierge et recouvert d'une dalle, les corps placés dans des cercueils de plomb et exhumés des fouilles de l'église les premiers jours de juillet de la même année, corps dont les noms suivent :

1° De M. Claude Grenet, prêtre, décédé en 1684, à l'âge de 79 ans ;

2° De M. Le Roi de la Potherie, prêtre, mort en 1670 ;

Sur l'emplacement où était autrefois le maître autel, M. Silvy a fait construire un oratoire et y a rassemblé des portraits peints et gravés des solitaires et des abbesses de Port-Royal, ainsi que des fragments de tombes trouvés dans les fouilles faites dans l'église en 1844-1845 par les soins du regretté et savant M. le duc de Luynes.

Les portraits peints ou gravés placés dans l'oratoire sont ceux de :

Mathilde de Galande, fondatrice et première bienfaitrice de l'abbaye de Port-Royal-des-Champs.

La mère Angélique Arnauld, dernière abbesse titulaire de Port-Royal, décédée le 6 août 1630, âgée de 70 ans.

Jean Duvergier de Hauranne, abbé de Saint-Ciran, décédé le 11 octobre

---

3° De M. Sébastien Joseph du Cambout de Pont-Château, mort en 1690, à l'âge de 57 ans ;

4° De M. Charles César du Cambout, duc de Choislin, décédé en 1699, à l'âge de 58 ans ;

En outre de dix cœurs dont deux seulement portent une inscription : celui de la dame Augran, morte en 1701, et l'autre, renfermant trois cœurs de la famille Lecouturier, celui du père, de la mère et du fils, morts la même année en 1685 ;

Enfin dans un caveau à part pratiqué dans le mur à gauche en entrant dans l'église par la porte latérale et fermé par une pierre portant son épitaphe, le cœur de la Révérende Mère Marie Suireau dite la Mère des Anges, abbesse de Maubuisson pendant vingt-deux ans et ensuite de Port-Royal, morte le 10 décembre 1658 à l'âge de 59 ans.

Cette inhumation a été faite en présence de Sœur de Sainte-Marthe de la maison de Magny et d'autres personnes qui ont signé avec nous.

Lejour, curé.

1643, âgé de 62 ans, gravé par Desroches, 1701, d'après Philippe de Champaigne.

Marie des Anges Suyreau, abbesse de Maubuisson, ensuite de Port-Royal, née à Chartres, décédée à Port-Royal, le 10 décembre 1658, âgée de 59 ans.

Euphonnie Pascal, sous-prieure de Port-Royal-des-Champs, morte le 4 octobre 1661, âgée de 36 ans.

Blaise Pascal, né à Clermont en Auvergne, mort à Paris, le 19 août 1662 âgé de 39 ans, peint par A. de Greuse (1).

La révérende mère Arnauld, nommée Catherine Agnès de Saint-Paul, abbesse de Port-Royal; elle est décédée le 10 février 1671 (Desroches).

Arnaud d'Andilly (Robert), théologien de Port-Royal, 1674 (Philippe de Champaigne) (Desroches).

Isaac Louis Lemaistre de Sacy, prêtre, décédé le 4 janvier 1684, âgé de 71 ans.

Angélique de Saint-Jean Arnauld, abbesse de Port-Royal, décédée le 29 janvier 1684, âgée de 59 ans (Desroches).

Louis-François Lemaistre de Sacy, né le 29 mars 1613, mort le 4 janvier 1684.

Nicolas le Tournier, prêtre prieur de Villers, décédé à Paris le

---

(1) En 1838, la reine Marie-Amélie et les princes d'Orléans, ses fils, partirent de Trianon et allèrent à Port-Royal. C'est à la suite de cette visite que le portrait de Pascal fut donné à M. Sylvy.

28 novembre 1686, âgé de 46 ans. Peint par Lefond, gravé par Desroches, 1699.

Jeanhamon, médecin, solitaire de Port-Royal, mort le 23 décembre 1689.

Sebastien Joseph De Camboust de Pont-Chateau, solitaire de Port-Royal, mort le 26 juin 1690, âgé de 56 ans.

Antoine Arnauld, prêtre docteur en théologie de la maison de Sorbonne, né le 16 février 1612, mort le 8 août 1694.

La révérende mère Claude Louise de Saint-Anasthasie du Mesnil de Courtiaux, dernière prieure de l'abbaye de Port-Royal-des-Champs, morte le 18 mars 1716.

On voit encore dans cet oratoire deux tableaux : l'un représente M. d'Argenson, lieutenant de police, et les dernières religieuses de Port-Royal auxquelles il signifie, le 30 octobre 1709, les ordres de Louis XIV pour sortir de ce monastère et être dispersées dans différentes communautés; l'autre tableau représente l'exhumation des corps de Port-Royal, les 16 et 17 décembre 1711.

Cet oratoire renterme encore deux fragments d'une tombe : l'un d'eux représente l'effigie d'une religieuse, vêtue de sa robe, la tête couverte d'un voile; l'autre fragment représente la partie inférieure de la robe avec des pieds chaussés. On lit encore en lettres gothiques capitales :

BEATÆ : MARIÆ : PORTUS : ... SORORES : RELIGIOSISSIMA : QUÆ : FUERUNT : FILLE : D̄M̄O : GUIDONIS : D̄M̄O : ....

Ces fragments sont ceux de la tombe de dame Philippe de Levis, fille de Gui II de Levis, seigneur de Mirepoix, abbesse de Port-Royal et sœur de Marguerite de Levis, dont la tombe est dessinée Pl. 4, Fig. 6.

Dans le même oratoire une autre tombe dont le personnage est effacé. On lit encore l'inscription suivante :

... SSE : ... E : IOHA ... DE : CHEVREUSE : IADIS : ABEISSE
DE : VILLERS : FILLE : DE : NOBLE : HOME : MONSEIGNEUR
HERVI : DE ....NCOURT : QUI : TRESPASSA : LAN : DE : GRACE : M :
CCC : ...VIII

Cette tombe est celle de dame Jehane de Chevreuse qui mourut à Port-Royal le 31 octobre 1308 et fut enterrée dans le cloître du côté du chapitre.

A la ferme de la Brosse, chez M. Berger, cultivateur, nous avons retrouvé un fragment considérable de la partie inférieure d'une tombe représentant une religieuse, et sur lequel on lit encore :

..... TRIE - MARESCHAV - DE - FR....

Nous complétons l'épitaphe de cette tombe :

CI - GIST - DAME - PHILIPPE - DEVARENNE - JADIS - ABESSE
DE - CEANS - SŒUR - DE - MONSIEUR - MAHI - DE - TRIE

MARESCHAV - DE - FRANCE - LAQUELLE - TRESPASSA - LAN
M - CCC - XX - V - LEJOUR - DE - LA - SAINT - NICOLAS - DIVER
PRIEZ - POUR - LAME - DE - LI

Cette abbesse était inhumée dans le chapitre de Port-Royal.

Telles sont les sculptures, les tombes, les épitaphes par nous dessinées et recueillies, existantes encore soit dans l'église de Magny, soit dans l'oratoire de M. de Silvy, soit dans l'enclos de l'abbaye, soit dans les villages voisins. D'autres tombes se voyaient autrefois dans l'église, dans la salle du chapitre, dans le cloître; mais ces monuments sont détruits ou dispersés dans les églises de Saint-Médard, de Saint-Etienne-du-Mont de Paris et dans les églises des villages environnants de Saint-Jean-des-Troux, de Palaiseau, de Saint-Lambert (1).

---

(1) Nos dessins de Port-Royal furent admis au Salon de 1857. Depuis cette époque la plupart des épitaphes et des tombes de Magny-les-Hameaux ont été publiées en 1877 par le savant et regretté baron Ferdinand de Guilhermy dans le troisième volume des Inscriptions de l'Ancien Diocèse de Paris.

Nous donnons l'inscription par nous relevée en 1872 sur la paroi extérieure de la cloche de l'église de Magny :

LAN 1771 IAYE ETE BENIE PAR PIERRE GABRIEL ARMERI p[re]
DOCTEUR DE SORBONNE, CVRE DE CETTE PAROISSE ET NOMMEE
MARGUERITE SUZANNE PAR MONSEIGNEUR PIERRE AVGVSTIN BER-
NARDIN DE ROSSET DE FLEURY EVEQUE DE CHARTRES PREMIER

Enfin la ferme des Granges et le corps de logis autrefois habité par les solitaires a été pendant de nombreuses années la résidence de M. Famin, architecte, ancien pensionnaire de l'académie de France à Rome (1). M. Famin avait réuni dans les diverses chambres habitées autrefois par Arnauld, Pascal, Nicole, Racine, les portraits et quelques lettres de ces grands écrivains. On voit aussi dans le jardin un chapiteau du XIIIe siècle provenant de l'une des grandes colonnes de l'église et plusieurs noyers qu'on dit être contemporains des solitaires.

Par nos dessins et nos recherches, on appréciera quelle perte à jamais regrettable ont faite les arts et l'histoire par la destruction de Port-Royal-des-Champs. Il y avait dans ce vallon, près de Paris, un ensemble extrêmement curieux d'édifices du plus haut intérêt, dus à Robert de Luzarches,

AUSMONIER DE MADAME LA DAUPHINE ET PAR MADAME MA^{te} SU-
ZANNE DV HAN DE CREVECOEVR SV^{te} ET DAMES DE LA ROYALE
MAISON DE SAINT LOVIS A S^t-CYR DE LA BARONNERIE DE MAGNY
LESSART.

Sur le bord inférieur on lit :

Sr DOMINIQUE MARCHAND, P^{er} MARGUILLER. St SIXTE N^s DES VI-
GNES Snd MARG^r SIMONOT NOVS A FAITTES.

(1) M. Famin, élève de Percier et Fontaine obtint le prix de Rome en 1801, il fut architecte des palais de Versailles et de Rambouillet, et fit en collaboration avec M. Grandjean, architecte, un ouvrage estimé sur l'architecture de la Toscane. Cet artiste distingué mourut en 1859.

l'un des plus célèbres architectes du xiiie siècle. Il semblera à tout esprit impartial qu'après la condamnation, par l'Eglise, de ce qu'il y avait d'exagéré dans la doctrine de ces illustres et vertueux écrivains il n'était pas nécessaire de démolir ces curieux édifices, de briser ces tombes, de disperser les restes de plusieurs générations reposant dans cette terre bénie, et cependant tous ces actes de destruction ont été accomplis : « *Ces corps avaient été enterrés dans un lieu qui avait eu le malheur de déplaire à Sa Majesté* ». C'est ainsi que s'exprime le marquis de Pomponne dans son placet au roi Louis XIV en août 1710 (1).

---

(1) Les matériaux de démolition des bâtiments de Port-Royal furent transportés à Pont-Chartrain et employés à la construction des remises et écuries du château. *Port-Royal,* par Sainte-Beuve, livre 6.

MM. Sainte-Beuve et Cousin voulurent bien s'intéresser à nos recherches sur la célèbre abbaye. Ils étudièrent avec un intérêt bienveillant notre exposition de 1857 ; à cette occasion, M. Sainte-Beuve nous offrit un des deux exemplaires qu'il possédait des mémoires de Fontaine en y joignant une lettre que le lecteur nous excusera de reproduire :

« Voici, monsieur, un exemplaire des mémoires de Fontaine ; malheureusement « l'exemplaire n'est pas beau ; mais pour ces vieux livres on ne choisit pas. Ces deux « volumes, si vous y jetez de temps en temps les yeux, vous diront sur les messieurs et « les religieuses de Port-Royal tout ce qu'il y a d'intéressant, et qui est fait pour attacher « particulièrement celui qui a si bien étudié leur retraite et *restitué* le théâtre de leur « pénitence.

« Agréez, monsieur, l'expression de mes sentiments les plus distingués et obligés.

SAINTE-BEUVE. »

« Ce 11 août.

Par ces recherches notre but aura été atteint, si nous avons pu faire apprécier ce qu'était autrefois, sous le rapport de l'art, un des plus intéressants monastères du moyen âge, et dont la célébrité, il est vrai, ne date que du commencement du xviie siècle.

Hérard, *architecte*,
Membre de la commission des richesses d'art
(Seine-et-Oise)

Paris, 1881.

ABBAYE DE PORT-ROYAL-DES-CHAMPS

Planches

ABBAYE DE PORT-ROYAL-DES-CHAMPS
Fondée en 1204
par MATHILDE DE GARLANDE, *épouse de Mathieu I*er *d'Attichi, seigneur de Marly.*

Pl. 1
VUE GÉNÉRALE DE L'ABBAYE EN 1709.

ABBAYE DE PORT-ROYAL DES CHAMPS
FONDÉE EN 1204

Pl. I

Hérard del. VUE DE L'ABBAYE EN 1709 Héliogr Helle

ABBAYE DE PORT-ROYAL-DES-CHAMPS

Fondée en 1204 par Mathilde de Garlande, *épouse de* Mathieu Ier d'Attichi, *seigneur de Marly*.

Pl. 2

PLAN GÉNÉRAL DE L'ABBAYE EN 1704.

1. Entrée de l'abbaye.
2. Grande cour du dehors.
3. Ecurie, forge et menuiserie.
4. Maison des hôtes.
5. Jardin des hôtes.
6. Terrain en glacis.
7. Maison de St-Thibault.
8. Maison de M. de St-Martin.
9. Grange qui subsiste encore.
10. Colombier encore existant.
11. Poulailler.
12. Basse-cour.
13. Moulin qui subsiste.
14. Infirmerie.
15. Eglise.
15 *bis*. Cimetière extérieur.
16. Parloir.
17. Grand dortoir.
18. Bibliothèque et cloître St-Charles
19. Maison des pensionnaires.
20. Cloître et cimetière intérieur.
21. Bûcher.
22. Cour des religieuses.
23. Passage.
24. Logement de l'abbesse.
25. Salle et réfectoire des hôtes.
26. Pharmacie et chirurgie.
27. Cour de l'infirmerie.
28. Jardin des simples.
29. Entrée de l'hôtel de Longueville.
30. Cour de Mme de Longueville.
31. Maison de M. de Longueville.
32. Passage et tribune de Longueville.
33. Jardin de M. de Longueville.
34. Maison et cour de Mlle de Verlus.
35. Jardin de Mlle de Verlus.
36. Jardin de l'abbesse.
37. Fontaine de la mère Angélique.
38. Potager.
39. Canal qui subsiste encore.
40. Buanderie.
41. Tannerie.
41'. Tours défendant l'enceinte.
42. Solitude.
43. Etang.
44. Prés.
45. Bois de l'abbaye.
46. Chemin des granges.
47. Ancienne route.
48. Nouvelles constructions.

N. Potagers.
O. Maison du jardinier (construction moderne.
P. Dépendances.
Q. Ancien rendez-vous de chasse (détruit).

A. Chambre d'Arnauld.
B. — de Nicole.
C. — de Pascal et de Racine. } 2e étage
D. Ecole de Port-Royal (1er étage).
E. Grange.

LES GRANGES

F. Ecuries, vacheries.
G. Bâtiment moderne.
H. Pressoir.
I, K. Granges.
L. Puit (environ 55^m de profond.)
M, M. Anciennes maisons de solitaires

ABBAYE DE PORT-ROYAL-DES-CHAMPS

(Fondée en 1204 en qualité de Monastère de Cîteaux par Mathilde de Garlande, épouse de Mathieu I", seigneur de Marly).

Pl. 2

LES ORGANES:

A. Cheminée de l'abbaye
B. Puits de l'Abbé
C. Puits le Neuf
D. Emplacement du Logis(1" étage) Estienne
E. Citerne
F. Bûcher
G. Porche de l'Abbesse
H. Chambre
I. M. Pilet (canon 22" de probation)
J. M. M. Anisson(cousines de la prophétie).

1. Maison de l'abbé
2. Cuisine contigüe de bois
3. Réfectoire convent du bois
4. Maison des hôtes
5. Citerne, cour du bois
6. Maison du bois
7. Écurie, cour du bois
8. Abreuvoir de l'abbaye
9. Maison de M. de Saint-Martin
10. Chambre de communion
11. Cuisine des religieuses
12. Infirmerie
13. Moulin des sœurs
14. Basse-cour
15. Boutique
16. Fournière
17. L'Église
18. Presbytère, la maison de Pontchartrain
19. Maison des persécutions
20. Chœur et cimetière intérieur
21. Boucherie
22. Cour des religieuses
23. Basse
24. Bibliothèque des pensionnaires - Cuisine
25. Corps du logement
26. Sainte-Croix de l'abbaye
27. Petit cimetière
28. Cour des religieuses
29. Inirmerie
30. Jardin des maîtres
31. Pressoir
32. Laine (comm) de l'hôpital
33. Écurie
34. Buanderie
35. Solitude
36. Étuve
37. Bois de l'abbaye
38. Cour de l'étang

O. Moulin du pressoir (contient probablement
P. Débaraxteur
Q. Autre terrain sous les caves
N. Potager

Dressé en l'année en 1501 par Matthieu de Garlande en qualité de Matthieu I", seigneur de Marly.

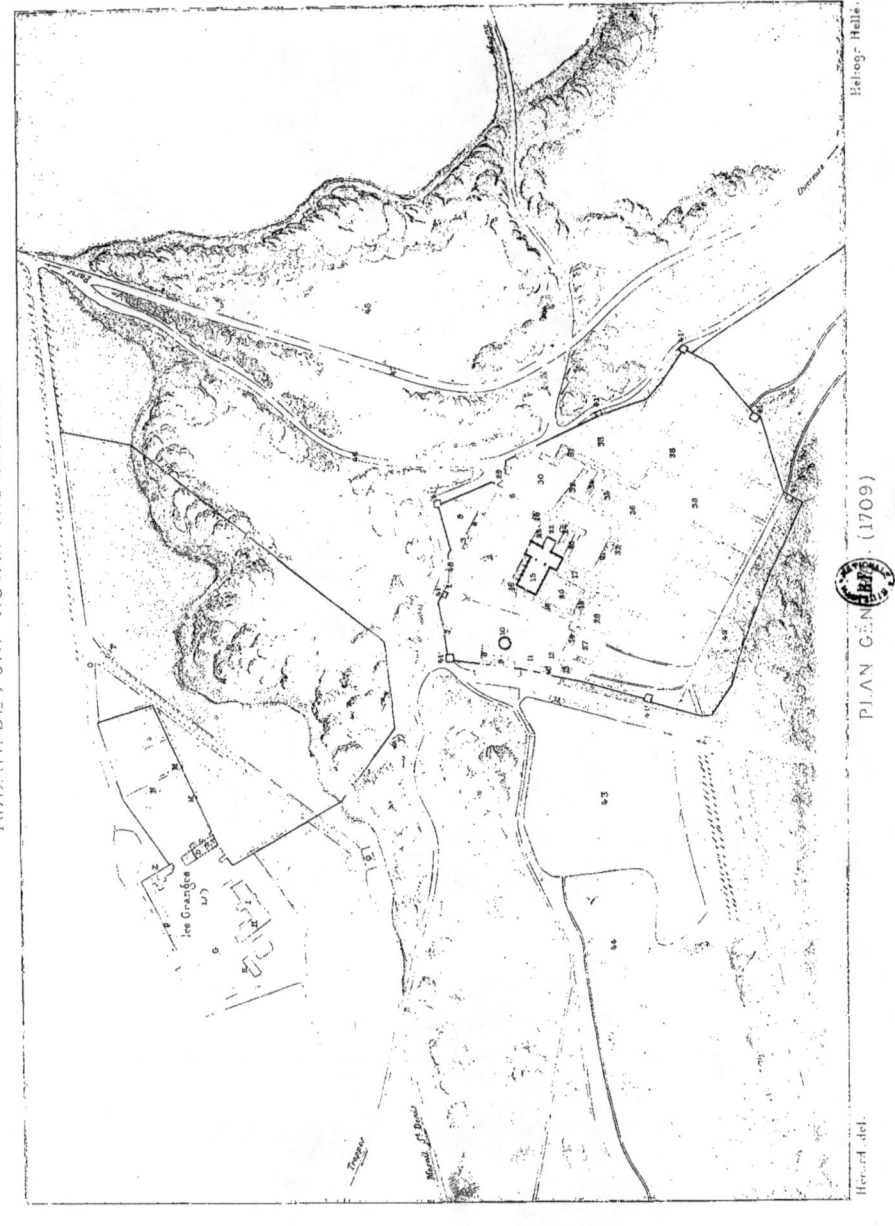

ABBAYE DE PORT-ROYAL-DES-CHAMPS

Fondée en 1204 par Mathilde de Garlande, épouse de Mathieu Ier d'Atiichi, seigneur de Marly.

Pl. 3

Plan et coupe de l'église.
Piliers et bases.
Colombier, plan, élévation et coupe.
Tourelles de l'enceinte, plan, coupe, élévation.

SHALE-SKY LETTER FROM MONTE ATLANTE

Wagner 1501 bat vizzatate in (Cristante, Mateo, Mellan e Papin), séguant de Aprile.

Les *errata* de trouverai, lissut contre choses, Crescente, Appar d'éloisons de contre, L'autre et seuls, Roa et contre de Caesar.

1: 1:

monture.

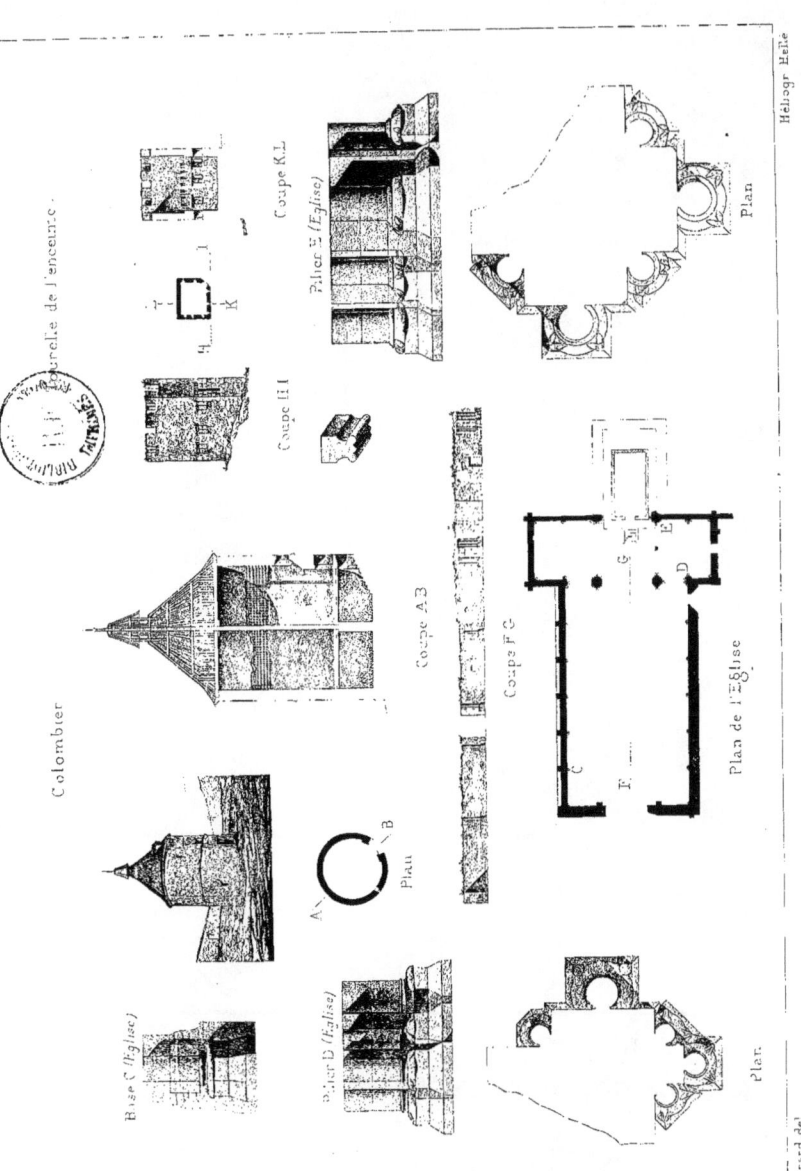

ABBAYE DE PORT-ROYAL-DES-CHAMPS

Fondée en 1204
par MATHILDE DE GARLANDE, *épouse de Mathieu I" d'Attichi, seigneur de Marly.*

Pl. 4

PIERRES TOMBALES

Fig. 1. Tombe de Mahé, seigneur.....
Fig. 3. Tombe de Eudes de Montfaucon et Aélide de Gallardon.
Fig. 5. Tombe de Bouchard de Marly.
Fig. 6. Tombe de Marguerite de Lévis.
Fig. 2. BUSTE EN CIRE de la révérende mère abbesse réformatrice, Angélique Arnauld, 16 août 1661. Ce buste est conservé chez les sœurs de Magny.
Fig. 4. STATUE D'ÉVÊQUE, autrefois dans l'église de Port-Royal.
Fig. 7. EGLISE DE MAGNY (Seine-et-Oise). Plan.

TOMBES AUTREFOIS DANS L'ABBAYE DE PORT-ROYAL-DES-CHAMPS
(voir dans le texte)

37. Sanctuaire.
40. Bas-côté.
41. Fonds Baptismaux.
42. Principale porte d'entrée.
43. Porte latérale.
44. Chapelle de la Sainte-Vierge.

45. Sacristie.
46. Ecole des enfants de la paroisse.
47. Cimetière.
49. Tombe de Béatrix de Dreux, abbesse morte vers l'an 1328.

ABBAYE DE PORT-ROYAL-DES-CHAMPS

Fondée en 1204

par MATHILDE DE GARLANDE, épouse de Mathieu Ier d'Attichi, seigneur de Marly.

Pl. 4

PIERRES TOMBALES

Fig. 1. Tombe de Mahé, seigneur..........
Fig. 3. Tombe de Eudes de Montfauçon et Adélide de Gallardon.
Fig. 5. Tombe de Bouchard de Marly.
Fig. 6. Tombe de Marguerite de Lévis.
Fig. 2. Bustes en cuir de la révérende mère abbesse réformatrice, Angélique Arnauld, 16 août 1661. Ce buste est conservé chez les sœurs de Magny.
Fig. 4. Sarcus d'Évêque, autrefois dans l'église de Port-Royal.
Fig. 7. Église de Maule (Seine-et-Oise). Plan.

TOMBES AUTREFOIS DANS L'ABBAYE DE PORT-ROYAL-DES-CHAMPS

(voir dans le texte)

37. Sanctuaire.
40. Bas-côté.
41. Fonds Baptismaux.
42. Principale porte d'entrée.
43. Porte latérale.
44. Chapelle de la Sainte-Vierge.
45. Sacristie.
46. Ecole des enfants de la paroisse.
47. Cimetière.
49. Tombe de Béatrix de Dreux, abbesse morte vers l'an 1428.

RECHERCHES ARCHÉOLOGIQUES

SUR

les Abbayes de l'ancien diocèse de Paris

Notice biographique		I
I. — Abbaye de Maubuisson	Page	3
II. — Abbaye des Vaux-de-Cernay	—	29
III. — Abbaye de Notre-Dame-du-Val	—	75
IV. — Abbaye de Port-Royal-des-Champs	—	127

Cet ouvrage est la réédition des notices qui accompagnaient les envois aux salons de 1851, 1852, 1853 et 1854. (Cette dernière notice n'a été publiée qu'en 1881).

Elles ont été réunies en ce seul volume, tiré à deux cent cinquante exemplaires.

AUXERRE. — IMPRIMERIE ALBERT LANIER, RUE DE PARIS, 43

AUXERRE-PARIS. — IMPRIMERIE A. LANIER